*World Food*

# Spanische Küche

BEVERLY LEBLANC

*World Food*

# Spanische Küche

Parragon

Bath · New York · Singapore · Hong Kong · Cologne · Delhi · Melbourne

Entwurf und Realisation: The Bridgewater Book Company Ltd.



Parragon Books Ltd
Queen Street House
4 Queen Street
Bath BA1 1HE, UK

Übersetzung aus dem Englischen: Andreas Kellermann, Overath
Redaktion und Satz: Fabian Sulzer (Agents – Producers – Editors), Overath
Koordination: Antje Seidel, Köln

ISBN: 978-1-4454-0428-8
Printed in China

HINWEISE

- Sofern die Schale von Zitrusfrüchten benötigt wird, verwenden Sie unbedingt unbehandelte Früchte.
- Sind Zutaten in Löffeln angegeben, ist immer ein gestrichener Löffel gemeint: Ein Teelöffel entspricht 5 ml, ein Esslöffel 15 ml.
- Sofern nicht anders angegeben ist, wird Vollmilch (3,5 % Fett) verwendet.
- Pfeffer sollte stets frisch gemahlener schwarzer Pfeffer sein.
- Bei Eiern und einzelnen Gemüsesorten, z. B. Kartoffeln, verwenden Sie mittelgroße Exemplare. Kinder, ältere Menschen, Schwangere, Kranke und Rekonvaleszenten sollten auf Gerichte mit rohen oder nur leicht gegarten Eiern verzichten.
- Die angegebenen Zeiten können von den tatsächlichen leicht abweichen, da je nach verwendeter Zubereitungsmethode und vorhandenem Herdtyp Schwankungen auftreten.

# Inhalt

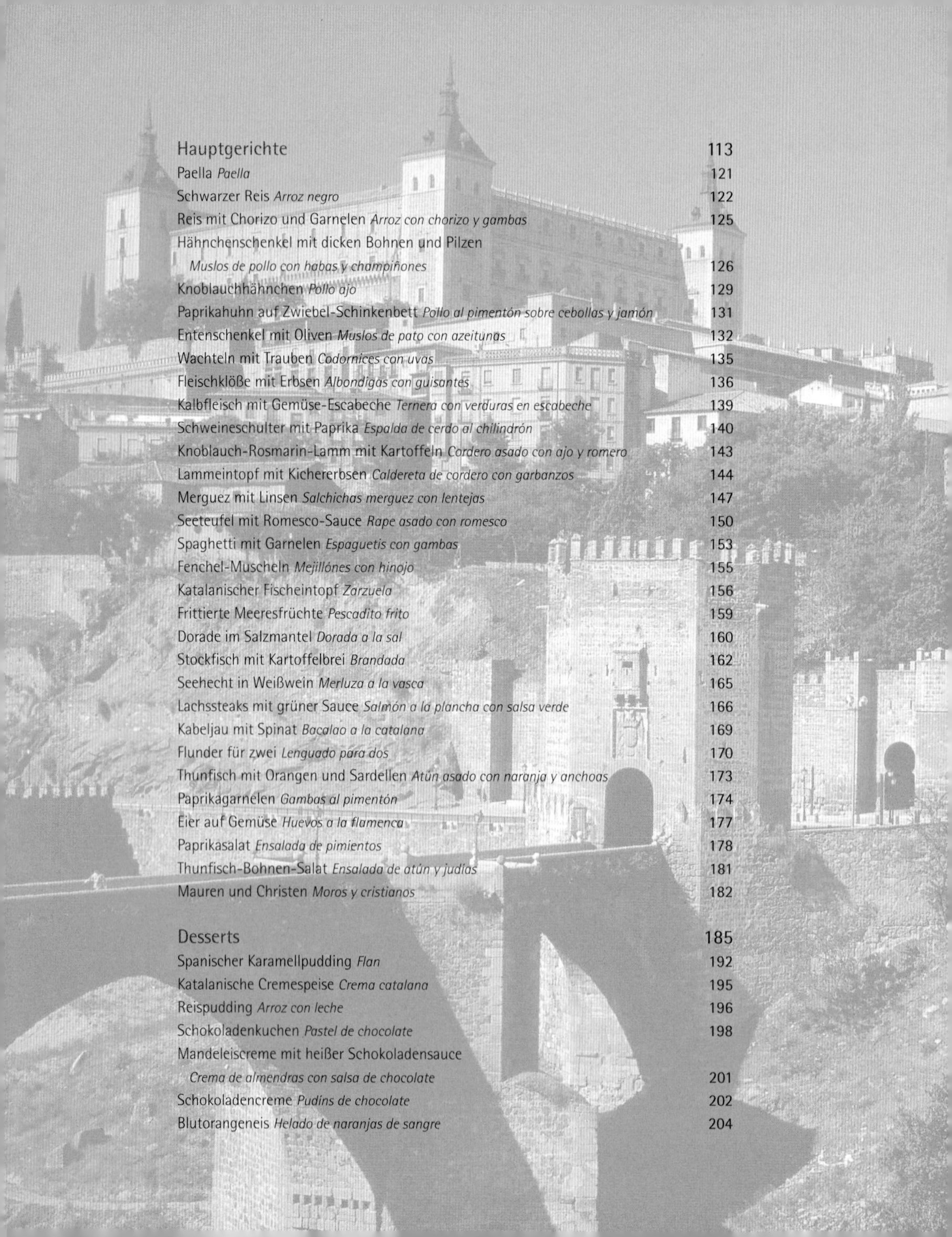

# EINLEITUNG

Die spanische Küche ist abwechslungsreich und reichhaltig, ihre regionalen Traditionen werden von Generation zu Generation überliefert.

Jeder, der einmal die Ferienorte an der spanischen Mittelmeerküste besucht hat und mit dem Eindruck zurückgekehrt ist, dass Spanier nichts anderes als Paella und Hähnchen in Knoblauch für Touristen kochen, hat sich die riesige Vielfalt der tagtäglich verzehrten Gerichte entgehen lassen. Die private Küche mag zwar auf den ersten Blick schlicht wirken, sie verwendet aber nur hochwertige und vorzugsweise frische Zutaten, außerdem ist die spanische Gastfreundschaft ohne ein gutes Essen kaum vorstellbar.

Die Küche Spaniens lässt sich kaum in Kürze zusammenfassen – immerhin besitzt das Land eine Atlantik- und eine Mittelmeerküste und ist zudem von enormer Größe. Die Landesmitte ist eine riesige, trockene Hochebene, umgeben von anderen Landschaftsformen wie hochaufragenden Bergketten und den unterschiedlichen Küstenformen an Mittelmeer und Atlantik. Zudem kommen im ganzen Land Witterungsextreme von sengender Hitze bis hin zu eisiger Kälte vor. Was für einen aus dem sonnigen Sevilla ein „typisches" Gericht ist, würde von jemandem, der aus Pamplona stammt, wohl kaum so genannt.

Spanische Gerichte sind in der Regel deftig und lassen regionale kulinarische Unterschiede leicht erkennen: Die Küche des Nordens ist tendenziell gehaltvoller als die des Südens und verwendet mehr Fleisch und Milchprodukte.

## Das kulinarische Vermächtnis

Die spanische Küche verdankt den Invasoren des Altertums eine Menge: Um 1100 v. Chr. gründeten die Phönizier eine Handelsniederlassung im heutigen Cádiz und pflanzten die ersten Weinreben im Süden Andalusiens nahe Jerez, das nach wie vor Zentrum der spanischen Sherryproduktion ist. Von den darauf folgenden Karthagern ist kein nennenswerter kulinarischer Beitrag bekannt. Ihnen aber folgten die Römer, die die ersten Olivenbäume pflanzten und so um 210 n. Chr. zum ersten Mal das heute unentbehrliche Olivenöl herstellten. Die Mauren – muslimische Araber und Berber –, die nach 711 praktisch die gesamte Halbinsel – mit Ausnahme von Asturien und dem Baskenland – eroberten, erweiterten bis zu ihrer Vertreibung im Jahr 1492 diese Bestände beträchtlich.

Die Mauren konstruierten ausgedehnte Bewässerungssysteme (*huertas*), um die neu auf der Halbinsel eingeführten Früchte zu versorgen. Sowohl ihre riesigen, bewässerten Wirtschaftsflächen als auch die wichtigsten kultivierten Früchte gibt es noch heute. Durch den Anbau von Reis, Zitrusfrüchten, Mandeln und Datteln sowie durch die neuen orientalischen Gewürze änderte sich der spanische Geschmack grundlegend. Auch Auberginen, Aprikosen, Pfirsiche und Quitten wurden von den Muslimen eingeführt.

Daneben würdigt fast jede Küche täglich das goldene Zeitalter der spanischen Entdeckungsreisen: Christoph Kolumbus' erfolglose Suche nach einem Weg zum Malaiischen Archipel – der das Monopol der Venezianer auf den Handel mit sagenhaft teuren Gewürzen brechen sollte – hatte auch ihr Gutes, nämlich die Entdeckung der karibischen Inseln im Jahr 1492. Aus der Neuen Welt brachte er eine Fülle an Neuheiten mit, die die spanische Küche, mehr noch die des gesamten Mittelmeerraums verändern sollte. Die von ihm eingeführten Chili- und Paprikaschoten etwa fanden direkten Eingang in die Küche, wobei ihr Gebrauch zunächst durch die Klöster bekannt wurde.

*Die Wärme und Lebenslust Spaniens spiegeln sich sowohl in der Architektur als auch im Essen wider.*

Kolumbus führte auch den Tabak, exotische neue Früchte und Gemüsesorten wie die Jamswurzel und die Süßkartoffel ein. Auf seiner dritten Reise kaperte er 1502 ein Handelsschiff der Maya, das mit Kakaobohnen – die als Handelswährung dienten – beladen war. König Ferdinand zeigte sich allerdings von dieser neuen Ware unbeeindruckt; erst nachdem Hernán Cortés 1528 mit dem aztekischen Verfahren zur Schokoladeherstellung nach Spanien zurückkehrte, kam Schokolade am Hof und schließlich in ganz Spanien in Mode. Die erste kommerzielle Kakaobohnen-Ladung traf 1585 ein, und seitdem läuft der Handel ununterbrochen; in den Städten zeugen *chocolaterias* von dieser ungebrochenen Leidenschaft. Für viele Spanier besteht ein traditionelles Frühstück heute aus frittierten Brandteigstreifen, den so genannten *churros*, mit einem Glas heißer, dickflüssiger Schokolade.

Obwohl es vor allem in Restaurants reichlich Gerichte mit traditionell-maurischem Einschlag gibt und kosmopolitische Spanier noch immer vieles essen, was schon ihre Großeltern genossen, ist die spanische Küche nicht weniger modern als andere.

*La Boqueria in Barcelona: Hier wird seit dem 18. Jahrhundert gehandelt.*

Oben: *Wie die Touristen treffen auch die Störche jedes Jahr im Frühling wieder ein.*

Seite 14/15: *Bemalte Häuser bilden ein farbenfrohes Panorama an diesem Flussufer im katalonischen Girona.*

Die neuesten Küchengeräte und Mixer gehören in spanischen Haushalten längst zum Standard.

Spanische Supermärkte sind groß und belebt, und natürlich schießen auch hier Fast-Food-Restaurants aus dem Boden, aber die Tradition des täglichen Einkaufs von Frischobst, Gemüse und Meeresfrüchten auf dem Markt besteht bis heute. In den ländlichen Gemeinden sind Markttage noch genauso wichtig wie eh und je: Hier verkauft man Meeresfrüchte und Fisch aller Art, Frischfleisch, konservierte Fleischprodukte und köstliches Obst und Gemüse. Sogar in Großstädten blüht der Marktverkauf. Der Markt La Boqueria an der Straße Las Ramblas im Zentrum von Barcelona zählt z. B. zu den größten Europas: Hier wird seit dem 18. Jahrhundert Handel getrieben. Er ist den ganzen Tag über geöffnet, aber besonders belebt, wenn die Einheimischen auf ihrem Heimweg am frühen Abend einkaufen. (In den kleinen Restaurants am Markt werden auf Bestellung Fleisch, Fisch und Meeresfrüchte zubereitet – ein preiswertes Mittagessen, das frischer nicht sein könnte.) Und so geschäftig und belebt La Boqueria auch ist: Er ist nur einer von mehreren, gleichermaßen florierenden Märkten der Stadt. Die Verschmelzung oder Kombination von Kochtraditionen aus unterschiedlichen Regionen der Welt, wie man sie in anderen europäischen Ländern erlebt, ist hier kaum von Bedeutung.

## Essen auf Spanisch

Es heißt, dass Spanier den ganzen Tag essen – und einen Teil der Nacht. Die meisten beginnen mit einem leichten Frühstück und nehmen im Verlauf des Tages noch weitere Speisen und Snacks zu sich, bis sie sich schließlich – unter Umständen erst um 22.00 Uhr – ans Abendessen setzen. (Das Abendessen für Schulkinder, *merienda*, wird gegen 18.00 Uhr aufgetragen.)

Der spanische Arbeitstag beginnt mit *el desayuno*, einem schnellen, leichten Frühstück bestehend aus Kaffee und Gebäck – zu Hause oder in einem Café bzw. einer Bar auf dem Weg zur Arbeit, wo man jederzeit frische Croissants und Brötchen erhält. In Madrid gibt es auch die traditionellen *churros con*

## *Tapas-Bars öffnen gegen 13.00 Uhr und bieten Delikatessen an, die man noch vor der täglichen Hauptmahlzeit, la comida, genießt.*

*chocolate*, die früher an jeder Straßenecke verkauft wurden. In den *churrerias* und Cafés reicht man dieses lange, dünne, frittierte und mit Zucker und Zimt bestreute Spritzgebäck zu einer Tasse mit dickem, dunklen Kakao. Büroangestellte nehmen zwischen 10.00 und 10.30 Uhr einen Espresso und vielleicht ein Stück Kuchen für den kleinen Hunger zu sich. Andere machen gegen 11.00 Uhr eine Pause für *las onces* (das zweite Frühstück) oder für *almuerzo* (Mittagessen) – je nachdem, wann sie ihre Hauptmahlzeit einnehmen. Gegen 13.00 Uhr öffnen die Tapas-Bars und bieten Delikatessen an (ab Seite 35), die man noch

vor *la comida* – für viele die Hauptmahlzeit – genießt. Die Büros schließen in der Regel gegen 13.30 oder 14.00 Uhr für mehrere Stunden, damit Angestellte nach Hause gehen können, wo zwei oder drei kleine Gerichte und eine Flasche Wein auf sie warten. So kann *la comida* z. B. aus Nudeln oder Reis bestehen, gefolgt von Würstchen, Steak oder einem Fischgericht und danach Obst oder Joghurt. Merguez mit Linsen (Seite 147) sind ein typisches *comida*-Gericht, ebenso einfache Varianten spanischer Eintöpfe (*cocidos*, Seite 32). Danach geht's wieder für einige Stunden an die Arbeit. Auf dem Heimweg nehmen viele Spanier noch einen Drink und Tapas mit Kollegen zu sich. Das Abendessen, *la cena*, kann zu Hause leichter ausfallen als *la comida* – eine Suppe oder ein Omelett, danach Käse oder Obst. Es wird im Winter gegen 20.30 Uhr, im Sommer eher gegen 21.30 Uhr eingenommen. Speist man im Restaurant, dann reserviert man z. B. einen Tisch für ein gemütliches Drei-Gänge-Menü, das etwa von 22.00 Uhr bis Mitternacht dauert.

Oben: *Die von Gaudí gestalteten geschmeidigen, runden Formen im Parque Güell in Barcelona.*

Links: *Imposante Gewölbe bieten einen spektakulären Rahmen für das Essen im Freien.*

*Viele Gerichte, die Fremde für typisch spanisch halten, kommen aus Andalusien.*

## Die Regionen Spaniens

Für den Spanienreisenden wechselt die Küche mit der Landschaft: Jede Region hat ihre eigenen Spezialitäten, wobei durch die unterschiedliche Verarbeitung derselben Zutaten jeweils charakteristische Geschmacksrichtungen erzielt werden. Tortilla, das einfache, dicke Omelett aus Kartoffeln und Eiern, ist eines der wenigen überall erhältlichen Gerichte, aber selbst hiervon gibt es regionale Variationen (Seite 42). Die Weine der jeweiligen Region sind die natürlichen Begleiter dieser Gerichte.

### Andalusien

Dies ist das Land des Flamenco, des Stierkampfes und der eleganten maurischen Architektur. Ein traditionelles Gericht aus Córdoba, dem Zentrum des alten Spanien, ist *rabo de toro* (Ochsenschwanzragout). Andernorts zeugt die großzügige Verwendung von Gewürzen und getrockneten oder frischen Früchten vom maurischen Erbe. Andalusien ist die Heimat vieler Gerichte, die man für typisch spanisch hält: Kalte Gazpacho (eine Tomatensuppe; Seite 99) zählt z. B. zu den bekanntesten Suppen der Welt, und ein Krug kühle Sangria (Seite 253) – ein Punsch aus Rotwein und Früchten – lässt auf der Stelle an das sonnige Spanien denken. Das azurblaue Mittelmeer liefert Meeresfrüchte, der semiaride Boden nährt ergiebige Weingärten und Olivenhaine, und die pittoresken Bodegas von Jerez liefern den feinsten Sherry der Welt.

Während der vielen, heißen Sonnenstunden gedeiht eine Fülle an großen, süßen Paprikaschoten, saftigen Tomaten, ölreichen Oliven und Zitrusfrüchten sowie eine überwältigende Auswahl an Früchten, die im Norden Europas als exotisch gelten, hier jedoch alltäglich sind – Feigen, Granatäpfel, Persimonen und Passionsfrüchte. Zu einem Gericht *a la andaluza* gehört eine farbenfrohe Mischung aus Paprikas, Tomaten und vielleicht auch Obst. Die in Großbritannien zur Marmeladenherstellung so beliebten Sevilla-Orangen werden nur bei Sevilla angebaut; ihr bitterer Saft findet bereits in mittelalterlichen Rezepten Verwendung.

Die Tapas-Vielfalt in den Restaurants und Bars von Sevilla ist bekannt. Frittierte Gerichte, z. B. frittierte Meeresfrüchte (Seite 159), sind besonders lecker – keiner, der an der Costa del Sol entlangfährt, wird von einem Teller gebratener Tintenfischringe (*calamares*) enttäuscht sein. Nicht ohne Grund wird Andalusien die „Bratpfanne Spaniens" bzw. die „Region der frittierten Gerichte" (*zona de los fritos*) genannt.

Das Landesinnere ist unwegsamer: Halsbrecherische Gebirgsstraßen klettern bis zu den höchsten Orten Spaniens in der schneebedeckten Sierra Nevada hinauf. Hier stößt man in Dörfern wie Jabugo und Trevélez auf den luftgetrockneten, gepökelten Bergschinken (*jamón serrano*; Seite 33), der auf der ganzen Welt für sein zartes, salziges Fleisch bekannt ist. Er verfeinert Gerichte wie Paprikahuhn auf Zwiebel-Schinkenbett (Seite 131), ein wirklicher Genuss ist er aber pur als Vorspeise, mit einem Gläschen Sherry fino dazu.

### Aragón

Das alte Königreich an den Pyrenäen ist übersät von mittelalterlichen Bergstädtchen mit einfachen Steinhäusern. Hier lebten Muslime und Christen einst Seite an Seite. Diese Region hat keinen Zugang zum Meer und ein wechselhaftes, raues Klima – sengend heiße Sommer und eiskalte, schneereiche Winter.

*Jede Küstenstadt hat einen eigenen Fischerhafen. Mit kleinen Booten werden Märkte und Restaurants täglich beliefert.*

Maite

*Bei Zaragoza liefert die fruchtbare Ebene längs des Ebro Gemüse, Obst und Mandeln sowie schmackhaftes Öl.*

Angesichts solcher Extreme steht einfache, herzhafte Kost auf der Speisekarte, wobei die gewürzten Obstdesserts auch arabischen Einfluss erkennen lassen.

Seit Jahrhunderten werden an den Gebirgsausläufern langhaarige Lacha-Schafe gehalten, die delikates Fleisch und Milch für Käse liefern. Aufgrund dieser Nomadenhirtentradition ist Aragón reich an konservierten Produkten (darunter luftgetrockneter Schinken und eingesalzener, getrockneter Kabeljau), die auch bei langen Aufenthalten im Freien nicht verderben. Diese Region bietet noch andere gute Schweinefleischprodukte wie z. B. Blutwurst (*morcilla*), die dem traditionellen Eintopf mit Lamm und weißen Bohnen seine Würze gibt; bei anderen Gerichten wird sie – ähnlich wie in der Normandie (Nordfrankreich) – in trockenem Cidre gegart. Wegen der zahlreichen Flüsse gibt es viele Forellen-Rezepte.

Die deftigen *chilindrón*-Eintöpfe mit Lamm, Hähnchen oder Schwein (Seite 140) zeichnen sich durch die großzügige Verwendung von Gemüsepaprika und getrockneten Chilischoten aus.

Bei Zaragoza liefert die fruchtbare Ebene längs des Ebro Gemüse, Obst, Mandeln und Oliven für das schmackhafte Öl. Gemüse und Öl vermählen sich in dem langsam gegarten Eintopf *menestra*, einer typischen Sommermahlzeit. Cariñena ist für seine vollmundigen, tiefdunklen Rotweine bekannt.

## Die Balearen

Die Mittelmeer-Inselgruppe der Balearen (Mallorca, Menorca, Ibiza, Formentera und Cabrera) wird kulinarisch vom katalonischen Festland beeinflusst, besitzt aber auch typische eigene Speisen. Um traditionelle Gerichte zu kosten, muss der Besucher jedoch die Touristenzentren der Küste verlassen.

Die Inselbewohner essen einfache Gerichte, wobei sie von einer reichhaltigen Auswahl an Gemüse und Meeresfrüchten profitieren – vor allem den stacheligen Hummern, die den ganzen Sommer über gegessen werden. Es gibt viele Gerichte mit Schweinefleisch; zum Braten verwendet man Schmalz. *Sobrasada*, die süß-pfeffrige Schweinewurst aus Mallorca, ist wegen ihrer weichen, streichfähigen Konsistenz und ihres würzigen Geschmacks in ganz Spanien beliebt.

Traditionelle Eintopfgerichte und herzhafte Suppen geben Landarbeitern und Seeleuten die notwendige Grundlage. Eine *sopa mallorquina* z. B. enthält so viel Gemüse und Schweinefleisch, dass die Brühe schon zweitrangig ist. *Coca mallorquina* ist Mallorcas Antwort auf die italienische Pizza. *Coques* (Plural von *coca*) können leicht daheim zubereitet werden (Seite 68); für den Belag eignet sich alles, von Resten bis zu Dosenfisch oder Gemüse.

Seit der Römerzeit wird auf Mallorca Wein angebaut und hergestellt; er wird aber kaum exportiert. Während der britischen Besatzung im 18. Jahrhundert wurde der wilde Wacholder Menorcas für die bis heute bestehende Ginherstellung verwendet.

Obwohl Franzosen diese kulinarische Legende immer wieder anfechten, behaupten spanische Historiker, dass die Mayonnaise nicht in Frankreich, sondern hier ihren Ursprung hat und vom Herzog von Richelieu zum ersten Mal in Máhon, der Hauptstadt von Menorca, gekostet wurde. Der Legende nach nahm er die cremige Eier-Emulsion mit nach Paris

*Spanien ist vorwiegend katholisch und rühmt sich seiner außergewöhnlichen Kirchenarchitektur.*

*Der Sinn für gutes Essen und Kochen ist mehr als nur netter Zeitvertreib in diesem eigenständigen Teil Spaniens.*

und nannte sie *sauce mahonnaise*. Die Tatsache, dass die Katalanen bereits eine Knoblauch-Öl-Emulsion herstellten, die schließlich auch mit Eiern zu einer cremigen Sauce verrührt wurde (Seite 232), verleiht dieser Darstellung eine gewisse Glaubwürdigkeit. In Menorca wird zudem einer der Stars aus der spanischen Käseherstellung produziert: *Máhon*, ein Käse von cremiger, weicher Konsistenz aus pasteurisierter Kuhmilch.

## Das Baskenland

Der Sinn für gutes Essen und Kochen ist mehr als nur netter Zeitvertreib in diesem eigenständigen Teil Spaniens; es heißt, die Basken lebten, um zu essen. Man schätzt zudem, dass auf 1000 Einwohner ein Restaurant kommt, und Kochen ist hier keineswegs reine Frauensache. Seit über einem Jahrhundert gibt es kulinarische Vereine nur für Männer, und die Basken sind überall als exzellente Köche bekannt.

Wie in der benachbarten Baskenregion Frankreichs wird auch bei den spanischen Basken mit großen Mengen Butter und Sahne gekocht, was sie von anderen Spaniern genauso unterscheidet wie ihre eigene Sprache und Tradition. Probieren Sie Rührei baskische Art (Seite 106) als Beispiel dafür, wie Köche der Region die in Spanien so beliebten Eier verwenden – oder Gebratene Puddingschnitten (Seite 222) als gehaltvolles Dessert. Hier stieß zudem die *nouvelle cuisine* in Form der *nueva cocina vasca* erstmals nach Spanien vor.

Die Liebe der Basken zum Essen gründet sich auf frischem Gemüse aus dem benachbarten Navarra, Wild und Wildpilzen aus den Pyrenäen, Meeresfrüchten aus dem Golf von Biskaya und den vollmundigen Weinen aus Navarra und La Rioja. Gerichte aus dieser Region sind leicht an dem *a la vizcaína* im Namen zu erkennen, das auf die Verwendung von Zwiebeln und Chilischoten (besonders *choricero*-Chilischoten) hinweist.

Die Basken betreiben seit Generationen Fischfang, weshalb regelmäßig Fisch und Schalentiere aus dem Golf von Biskaya auf den Tisch kommen. Seehecht ist beliebt, ebenso Babyaal, Seespinne, Austern, Muscheln und Thunfisch. *Bacalao* (eingesalzener, getrockneter Kabeljau) ist eine nach wie vor beliebte Zutat und erinnert an die Zeiten, als der frische Fang weit entfernt von zu Hause an Bord der Fischerboote getrocknet werden musste. Das einfache Gericht *bacalao a la vizcaína* mit Tomaten und Chilischoten ist ein Beispiel der lokalen Küche. Basken macht es großen Spaß, Besuchern eine Schüssel *angula* zu servieren – winzige, dünne Babyaale, die aussehen, als würden sie in der Bouillon schwimmen.

Hier kann sich auch das Rindfleisch sehen lassen; viele halten es sogar für das landesweit beste. Auch Tapas sind ein fester Bestandteil baskischer Kultur: Ein ausgiebiges Abendessen wird oft ersetzt durch mehrere Stunden in einer Tapas-Bar, wo man die bunte Auswahl an Häppchen genießt – die bekanntermaßen größer sind als in anderen Gegenden Spaniens.

## Die Kanarischen Inseln

Diese vulkanischen Inseln im Atlantik – Gran Canaria, Teneriffa, Lanzarote, La Palma, Gomera, Hierro und Fuerteventura – sind Afrika näher als der iberischen Halbinsel und erfreuen sich eines subtropischen Klimas. Als sich die spanischen und portugiesischen Entdeckungsreisenden im 15. Jahrhundert auf die Suche nach fremden Reichtümern machten, wurden die 1496 von Spanien annektierten Kanarischen Inseln zur wichtigen Zwischenstation.

Es gibt eine Fülle von Frischwaren, vor allem große Tomaten und Bananen, die nach ganz Europa exportiert werden. Zu den beliebten Regionalgerichten gehören die *empañadas*, Pasteten mit Fleisch und

*Unter der sengenden Sonne im wüstenhaften Landesinneren Spaniens gedeihen Olivenbäume ausgezeichnet.*

Gemüse, die sich vorzüglich als Imbiss eignen. Zu den *papas arraguadas* („Runzlige" Kartoffeln; Seite 84) – der Name des Gerichts rührt vom Aussehen der in Salzwasser gekochten Kartoffeln her – reicht man eine pikante *mojo*-Sauce mit Essig und Pfeffer. *Mojo rojo* (Mojo-Sauce; Seite 84) ist eine dieser drei traditionellen Saucen; es gibt auch eine grüne Variante mit Koriander-Aroma (*mojo verde*). Ein althergebrachtes Gericht ist *gofio* ( „Brot des armen Mannes") aus geröstetem und gemahlenem Weizen-, Gersten-, Mais- oder Kichererbsen-Mehl. Diese Mischung diente, zu ungesäuertem Brot verbacken, den Landarbeitern als Stärkung, kann aber auch zum Eindicken von Suppen und Eintöpfen verwendet werden. Beliebt sind auch Makrelen, Thunfisch und Sardinen – oft einfach gegrillt mit Olivenöl und Knoblauch oder als Eintopf.

Zuckerrohr, seit dem 16. Jahrhundert auf der Insel heimisch, wird zu Rum verarbeitet, was den Inseln schon fast karibischen Flair verleiht.

## Kastilien, La Mancha und Madrid

Im Herzen Spaniens, auf der riesigen, trockenen Hochebene von Kastilien-La Mancha, hat Cervantes' Figur Don Quixote mit seiner Lanze gegen die hier überall anzutreffenden Windmühlen gekämpft. Im Sommer ist die Sonne in dieser ausgedörrten Landschaft unerbittlich, und doch gedeihen hier einige der edelsten Nahrungsmittel Spaniens: der teure Safran (Seite 33), Trauben, Oliven und Sonnenblumen.

Wie rau die Gegend ist, bemerkt der Reisende, der südlich von Madrid durch ein dünn besiedeltes, staubiges Dorf nach dem anderen fährt. Das Essen hier ist schlicht und muss angesichts der harten Landarbeit nahrhaft und stärkend sein; es gibt Lammgerichte und – saisonabhängig – Wild. *Ollas*, die sättigenden Eintöpfe mit Fleisch und Bohnen (Seite 32), gibt es seit dem 16. Jahrhundert; Don Quixote verspeiste eine *olla*, die „mehr Rind- als Hammelfleisch" enthielt.

In einer armen Gegend wie dieser haben Eier schon immer eine große Rolle gespielt. Die Hühnerhaltung war nie zu teuer und folgte der Logik: Wenn du das Huhn ernährst, ernährt es dich. Tortillas (Seite 42) und Eier auf Gemüse (Seite 177) sind Beispiele preiswerter Gerichte aus La Mancha. Beim *pisto manchego* wird das Gemüse langsam gegart, ähnlich wie bei der französischen Ratatouille. *Gazpacho manchego*, eine mit Brot eingedickte Suppe, wärmt angesichts der rauen Winde, die über die Ebene hinwegfegen, und kann einfach alle gerade verfügbaren Zutaten enthalten,

von Fleisch bis Gemüse – nicht vergleichbar mit der kalten Gazpacho aus Andalusien.

Das alte Toledo mit seinen gewundenen, lebendigen Straßen ist die Heimat des spanischen Marzipans (Seite 225), das im 13. Jahrhundert von maurischen Bäckern „erfunden" wurde. Heute verkaufen viele Läden kleine, aus Marzipan geformte Christuskinder, wie man sie in der Vorweihnachtszeit in ganz Spanien isst.

Die verschlafene Stadt Consuegra ist das Zentrum der Safran-Industrie (Seite 33) und legt nach Beendigung der Safranernte Ende Oktober bei der jährlichen Fiesta de la Rosa del Azafrán – dem Safran-Fest – sein Festkleid an.

In La Mancha liegt auch das größte Weinanbaugebiet Spaniens. Der hochwertigste Wein wird in der Gegend von Valdepañas hergestellt; der größte Teil der hiesigen Produktion ist jedoch *vino común* – Tafelwein für den täglichen Konsum.

Im kosmopolitischen Madrid dagegen sind die Speisen üppiger und leichter zugleich, was von der historischen Bindung dieser Stadt an die Königshäuser zeugt. Ausgedehnte Mahlzeiten dienen gleichermaßen dem Vergnügen wie auch ganz einfach der Ernährung, und die zahlreichen Tapas-Bars rings um die Plaza Mayor bilden angenehme Treffpunkte für *madrileños* und Touristen gleichermaßen.

Einen Eindruck von der traditionellen Madrider Küche verschafft der *cocido madrileño* (Fleischeintopf Madrider Art), ein in drei Gängen serviertes Festmahl. Es beginnt mit der würzigen, reishaltigen Brühe. Danach wird das Gemüse aufgetischt – Kohl, Karotten, Kartoffeln und zarte Kichererbsen –, und am Ende sind die inzwischen ganz zart gekochten Fleischsorten an der Reihe; eine typische Auswahl wäre z. B. Rindfleisch, Chorizo-Würstchen, Schweineschulter, Hähnchen und kleine Fleischbällchen. Kein Wunder also,

*Die trockene Hochebene Zentralspaniens mit ihren Windmühlen ist die Heimat einfacher Fleisch- und Bohnengerichte.*

*In La Mancha liegt auch das größte Weinanbaugebiet Spaniens. Der beste Wein wird bei Valdepañas hergestellt.*

dass die drei Gänge als *sato*, *caballo* und *rey* (Bube, Dame und König) bezeichnet werden, da das Gericht im Verlaufe des Mahls immer edler werden soll.

## Castilla y León und La Rioja

Aufgrund ihrer engen historischen Beziehung sind diese zwei Regionen auch gastronomisch miteinander verbunden – als Land der *asados* (Braten). Für viele Leute kommt das beste und zarteste Fleisch Spaniens von hier, vor allem aus der Gegend um Segovia, wo *cochinillo* (Spanferkel) und *lechazo* (Milchlamm) seit dem 15. Jahrhundert zubereitet werden. Die Tiere werden mit etwa 3 Wochen geschlachtet, und das gegarte Fleisch soll so zart sein, dass man es mit der Tellerkante schneiden kann. Die konischen Lehmziegelöfen (*hornos de asar*), in denen man solche Delikatessen über brennendem Rebenholz am Spieß brät, befanden sich ursprünglich in Bäckereien, da die Öfen in den Bauernhäusern meist zu klein waren.

In Spanien gibt es fast immer Brot zu den Mahlzeiten; hier ist eine Mahlzeit ohne Brot ganz einfach unvollständig. Pilger auf dem Weg nach Santiago de Compostela machen schon seit Jahrhunderten in Astorga Halt, um die Kuchen (*mantecadas*) zu genießen, die – wie es heißt – „schwer in der Hand und leicht im Magen liegen". Ideal zum Brot passen Eintöpfe mit Hülsenfrüchten und Gemüse. *Sopa de ajo* (Knoblauchsuppe), früher eine Suppe für Landarbeiter, steht heute in jedem Restaurant auf der Speisekarte.

Der andalusische Brauch, Lebensmittel in *escabeche* (Essig) einzulegen, wurde hier übernommen und perfektioniert; von Gemüse bis Wild wird alles eingelegt. Einen Eindruck vom frischen Geschmack dieser Spei-

*Köche aus anderen Regionen blicken mit Neid auf die Vielfalt, die Mittelmeer und Pyrenäen den katalanischen Köchen zur Verfügung stellen.*

sen bieten die eingelegten Makrelen (Seite 53) oder Kalbfleisch mit Gemüse-Escabeche (Seite 139).

In Ribera del Duero, dem Weinanbaugebiet von Castilla y León am Fluss Duero, der sich von Soria bis nach Portugal schlängelt, werden vorwiegend edle Rotweine produziert. Fruchtbarer Boden und bergiges Gelände charakterisieren das nach dem Fluss Río Oja (Ebro) benannte La Rioja – die Heimat vollmundiger Weiß- und Rotweine, die zu den besten Spaniens zählen. Die seit der Römerzeit hier angebauten Weine waren eher mittelmäßig, bis Winzer aus Bordeaux nach der Zerstörung der Weinfelder durch die Reblaus hierher kamen und diese von neuem bewirtschafteten.

Überraschenderweise findet Wein – abgesehen von einem beliebten Dessert, den in Wein pochierten Früchten – nur wenig Verwendung in der Küche. Der Zusatz *a la riojana* bei einem Rezept bedeutet nicht, dass das Gericht Wein enthält, sondern eher, dass Paprikas eine wichtige Zutat sind, denn hier befindet sich auch das Zentrum des spanischen Paprikaanbaus. (Spanische Köche verwenden immer die langen, spitzen Paprikas, die wesentlich süßer und aromatischer sind als die glockenförmigen. Achten Sie also auf diese spitze Sorte, die auch hierzulande angeboten wird.) Die üppigen, einfachen Gerichte enthalten oft Hülsenfrüchte und Paprikas, so z. B. der Lammeintopf mit Kichererbsen (Seite 144). In La Rioja werden auch Spargel und Kardonen angebaut; *menesta riojana* ist ein Gemüseeintopf. Die Rioja-Gerichte erhalten ihr typisches Aroma durch die Kombination von Früchten, Knoblauch, Olivenöl, Zwiebeln, Nüssen und Tomaten.

## Katalonien

Barcelona, größte spanische Stadt und Zentrum dieser selbstbewussten Region, gilt vielen auch als gastronomische Hauptstadt Spaniens. Wenn man nicht in die Touristenrestaurants am Hafen geht, isst und trinkt man hier preisgünstiger als in den meisten anderen europäischen Großstädten. Die katalanische Küche ist nicht besonders raffiniert oder stark gewürzt, sondern stützt sich auf den Geschmack frischer, saisonaler Zutaten – eine Küche mit Geschichte, deren angeblich ältestes Restaurant in Barcelona, Can Culleretes, auf das Jahr 1786 zurückgeht. Ein Katalane soll zu Beginn des 16. Jahrhunderts zudem das erste spanische Kochbuch verfasst haben.

Die katalanische Küche zeichnet sich durch vier klassische Saucen aus, die als Grundlage der meisten gekochten Gerichte dienen: *Sofregit* ist eine Mischung aus gedünsteten Zwiebeln, Tomaten und manchmal Knoblauch, mit der man bei der Zubereitung beginnt; *picada* ist eine im Mörser zerstoßene Mischung aus geröstetem Brot, Knoblauch, Olivenöl und Nüssen, die zum Eindicken und Würzen vieler Gerichte verwendet wird; *samfaina* ist die katalanische Universalversion der Ratatouille und wird gleichermaßen zum Abschmecken in Eintöpfe gerührt und für sich als Gemüsegericht serviert; *allioli* (Seite 232) ist eine Mayonnaise mit Knoblaucharoma, die zu einfach allem gereicht wird – von Bratkartoffeln bis zu Meeresfrüchten. Einige Autoren meinen, dass Romesco-Sauce (Seite 233) – eine Mischung aus gerösteten Nüssen, getrockneten *romesco*-Chilischoten aus dieser Gegend und Tomaten, die hier zu Meeresfrüchten gereicht wird – auch in diese Liste gehört.

Das Mittelmeer und die Pyrenäen bescheren den katalanischen Köchen eine große Vielfalt an Zutaten. Diese reichen von Gebirgspilzen bis zu fangfrischen Schalentieren sowie unterschiedlichem Getreide, Gemüse, Obst, Oliven, Öl, Schwein und Wild. (In traditionellen katalanischen Rezepten ersetzt Schweine-

*Barcelona und sein Hafen mit der von Bäumen gesäumten Straße Las Ramblas, dem „Laufsteg".*

fett das Olivenöl.) Und da Barcelona einen der größten Mittelmeerhäfen hat, gelangen hier Produkte und Waren aus anderen Ländern nach Spanien, was das Angebot noch erweitert. Ein Blick auf den überdachten Markt La Boqueria zeigt, was für eine internationale Auswahl die Katalanen genießen.

Mittelmeerfisch ist in Hülle und Fülle vorhanden. Schwarzer Reis (Seite 122) ist eine regionale Spezialität aus Tintenfisch und Reis, gefärbt mit der schwarzen Tintenfischtinte. Kabeljau mit Spinat (Seite 169) besteht aus Kabeljaustücken auf jungem Spinat mit Rosinen und Pinienkernen und spiegelt so die orientalische Verwendung von Trockenfrüchten in pikanten Rezepten wider. *Fidenà* – Meeresfrüchte mit dünnen Pasta-Stückchen, so genannten *fidens* – ist ein beliebtes Restaurant-Gericht, daheim jedoch schwer zuzubereiten. *Romesco de pescado* ist eine der zahlreichen Varianten eines Meeresfrüchte-Eintopfs, in diesem Fall mit weißen Bohnen und – zum Schluss – einem guten Schuss Romesco-Sauce (Seite 233) gewürzt.

Doch trotz all der frischen Zutaten im Angebot sind die katalanischen Köche Meister in der Zubereitung von *bacalao* (eingesalzenem, getrocknetem Kabeljau). Eine typisch katalanische Spezialität ist *esqueixada*, ein Salat aus rohem, eingesalzenem Kabeljau mit einem leichten Dressing aus extra nativem Olivenöl und Essig und einer Garnierung aus fein gewürfelten Tomaten (Seite 89).

Eine beliebte, für Fleisch, Fisch und Meeresfrüchte gleichermaßen ideale Garmethode ist das Grillen. Der Frühlingsbeginn z. B. wird mit gegrillten *calçots* (Frühlingszwiebeln) und Romesco-Sauce als Dip gefeiert.

## Kantabrien

Der Golf von Biscaya bietet den Köchen dieser kleinen Region an der Costa Verde frischen Thunfisch, Bonitos, Sardinen und Sardellen im Überfluss, während die Inlandsgewässer Lachse und Forellen liefern.

Santander ist ein Urlaubsziel für viele Spanier und Mitteleuropäer, und die gesamte Region ist übersät mit kleinen, in Familienbesitz befindlichen Fischrestaurants. Die Speisekarte bietet zudem viele gegrillte Fleischgerichte. Äpfel aus den Obstgärten werden für süße Obsttörtchen und Kuchen verwendet.

Aufgrund der intensiven Milchwirtschaft wird Milch hier auch in der Küche ausgiebig verwendet; zu den Desserts gehören Gebratene Puddingschnitten (Seite 222) und Reispudding (Seite 196).

*Lockere gesellschaftliche Anlässe wie dieses Freiluftkonzert sind ein wesentlicher Bestandteil spanischer Lebensart.*

## Estremadura

In diesem dünn besiedelten, „extremen und harten" Landstrich an der portugiesischen Grenze erscheint das Dorfleben beinahe zeitlos. Die Berghöfe stellen einige der beliebtesten Schweinefleischprodukte Spaniens her. Die dunklen iberischen Schweine fressen die Nüsse und Eicheln von Stein- und Korkeiche, was ihrem Keulenfleisch angeblich seinen Geschmack gibt; gepökelt und getrocknet wird daraus der köstliche *jamón iberico* (Seite 33). Dabei lässt man das gepökelte Fleisch bis zu zwei Jahren lang in Kellern reifen. Einer der besten Schinken kommt aus Montánchez.

Es wird alles verwendet – aus dem Rest des Schweins wird zusammen mit der heimischen Paprika eine *chorizo* hergestellt, die manche für die beste Spaniens halten. Die Qualität der im großen Stil angebauten Paprika (*pimentón de la Vera*) garantiert eine Herkunftsbezeichnung.

## Galizien

In Galizien zeigt sich der Einfluss maurischer Küche am wenigsten, und die leichte mediterrane Küche könnte aus galizischer Sicht genauso gut die eines anderen Landes sein.

Die Venusmuscheln, Austern und Jakobsmuscheln von hier sind berühmt, und Atlantikfische wie Flundern, Makrelen und Sägebarsch sind ebenfalls beliebt.

Die lokale Variante des bekannten, mediterranen Fischeintopfs Bouillabaisse heißt *caldereta de pescado*.

Die Kammmuschel, das Symbol des Apostels Jakobus, wird seit dem Mittelalter von den Pilgern getragen, wenn sie ihr Ziel Santiago de Compostela erreichen. Der heilige Jakobus ist der Schutzheilige Spaniens, und am 25. Juli wird der Nationalfeiertag in dieser mittelalterlichen Stadt ausgiebig gefeiert. Es gibt den ganzen Tag über eine Fülle von Speisen; die Krönung ist ein Stück heimischer Mandeltorte (Seite 218).

Das üppige, grüne Weideland lässt bereits darauf schließen, dass man hier Fleisch isst – vor allem Schwein und Wild. Wie in Portugal kombiniert man Fleisch auch mit Schalentieren, z. B. Venusmuscheln und Schwein. Galizische Köche verwenden zudem Butter und Schmalz, weshalb die Gerichte gehaltvoller sind als in Regionen, in denen man Olivenöl verwendet.

Die *pimientos de Padrón*, die kleinen grünen Chilischoten, die man in Spanien gern frittiert isst (Seite 49), werden hier angebaut. *Tetilla*, ein brustförmiger Kuhmilchkäse, kommt ebenfalls aus Galizien.

Die trockenen Weißweine aus den galizischen Weinbergen passen perfekt zu den Schalentierrezepten, und die knochentrockenen Rotweine sind eine ideale Ergänzung der gehaltvollen Fleischgerichte aus dieser Region.

## Die Levante

In dieser fruchtbaren Gegend an der Mittelmeerküste zwischen Andalusien und Katalonien, zu der die Provinzen Valencia, Alicante und Murcia gehören, wird Obst und Gemüse angebaut, das man im übrigen Spanien und einem Großteil Europas verzehrt. In Valencia wird außerdem Reis angebaut; die Reisfelder rings um den Albufera-See südlich der Stadt Valencia erbringen genug Rundkornreis, um das ganze Land damit zu versorgen. Calasparra-Reis aus Murcia, den manche für den besten halten, wird auf Terrassen angebaut, die die Mauren im 12. Jahrhundert angelegt haben.

*Wenn man viele Leute zu bewirten hat, sorgt nichts so gut für spanisches Flair wie eine Paella.*

Das bekannteste, bereits in Reiseberichten des 14. Jahrhunderts erwähnte Gericht dieser Gegend ist *la paella*. Dieses klassische, traditionell im Freien und als Fastenmahl ohne Fleisch zubereitete Reisgericht wurde nach der flachen, doppelgriffigen Pfanne benannt (*paella*, vom lateinischen Wort für „Pfanne"). Auf jedem spanischen Markt werden Paella-Pfannen angeboten, deren Durchmesser von 30 cm bis hin zu mehreren Metern reicht – groß genug, um ein ganzes Dorf zu verköstigen. Die Paella-Pfannen mit ihren schrägen Rändern wurden so entworfen, dass eine möglichst große Oberfläche freiliegt – damit die Flüssigkeit verdampft, bevor der Reis verkocht, und eine gleichmäßige Hitzeverteilung über offenem Feuer gewährleistet ist. Sie sind in Haushaltswarenläden erhältlich, aber man kann auch einen feuerfesten Schmortopf aus Ton oder Gusseisen bzw. eine große, flache Pfanne mit feuerfestem Griff verwenden.

Für eine Paella können alle verfügbaren Zutaten verwendet werden – Meeresfrüchte, Fleisch, Geflügel oder Gemüse, allerdings sind für eine gute Paella genügend Zeit und Aufmerksamkeit erforderlich (eine schnellere Alternative bietet das Rezept Reis mit Chorizo und Garnelen, Seite 125).

Im Namen einer weiteren Reisspezialität, *all-i-pebre* (Knoblauch und Paprika), wird die Hauptzutat – Aal – nicht einmal erwähnt. Fischer bereiteten früher *arroz a banda* (Reis und Meeresfrüchte) zu, um es auf ihren Booten zu verzehren; heute dagegen gibt es dieses Gericht mit dem Aroma von Safran und Fischbrühe anscheinend in jedem Restaurant längs der Küste. Es wird in zwei Gängen gegessen – zuerst der Reis, dann der Fisch mit der Knoblauchmayonnaise (Seite 232).

## *Die hübschen Palmenhaine von Elche sind einzigartig in Europa.*

Aufgrund der ausgedehnten Salzsümpfe sind in dieser Gegend Gerichte entstanden, bei denen der Fisch in Salz ausgebacken wird, das eine dicke Hülle bildet und ihn dadurch saftig und frisch hält. Im Ofen wird dieser Salzmantel so hart, dass er bei Tisch mit einem Hammer aufgebrochen werden muss.

Die Kombination von Reis und Bohnen in *moros y cristianos* (Mauren und Christen, Seite 182) ist ein Vermächtnis aus alten Kriegstagen, als die Region noch von den Arabern kontrolliert wurde.

Valencia ist zudem das Land der Orangen, die in viele herzhafte und süße Speisen Eingang gefunden haben, und hier wird der größte Teil der spanischen Zitronen angebaut. Orangen aus Valencia zählen zu Spaniens wichtigsten Exportgütern. Die Verbindung von Kartoffeln und Orangen ist als *a la valenciana* bekannt, und das Garen von Meeresfrüchten in Orangensaft ist eine Tradition aus dem Mittelalter. Probieren Sie den Orangen-Fenchel-Salat (Seite 109) als Beispiel für die regionale Küche.

Aus einer winzigen, hier wachsenden kleinen Knolle namens *chufa* bzw. Erdmandel gewinnt man eine Milch, aus der ein mild schmeckendes Getränk namens *horchata* zubereitet wird.

Murcia ist das Land saftiger, roter Tomaten, großer Artischocken und anderer zarter Grüngemüse und saftigen Obstes, die alle auf dem trockenen Boden abseits der Küste angebaut werden – mit Hilfe der ausgedehnten maurischen Bewässerungssysteme. Man isst bunte Salate, die diese Produktvielfalt nutzen – z. B. den Paprikasalat (Seite 178) oder den Thunfisch-Bohnensalat (Seite 181). Hier gedeihen auch die kleinen Kapern, die manch einem mediterranen Gericht die pikante Note verleihen und in Salz oder Öl konserviert werden. Neben extensiver Landwirtschaft ist die Region eines der Hauptzentren der spanischen Konservenindustrie.

Die hübschen Palmenhaine von Elche sind einzigartig in Europa und liefern die Hauptzutat für Süßigkeiten wie z. B. Datteln mit Marzipanfüllung (Seite 225).

Traditionelle Rezepte mit Fischen und Meeresfrüchten haben hier an der sonnigen Mittelmeerküste schon immer eine Rolle gespielt – Seehecht, Thunfisch, Meeräsche und Riesengarnelen gibt es in Hülle und Fülle. Trotzdem ist durch Einsalzen konservierter Thunfisch (*mojama*) eine lokale Spezialität.

### Navarra

Da Südnavarra zwischen La Rioja und Aragón liegt, genießt man die Lamm-*chilindróns* hier mit dem Aroma von *del choriceros*- oder *del pico*-Paprikaschoten, die am Ufer des Ebro angebaut werden. Lamm und Schwein sind die Fleischsorten der Wahl, wogegen Rinder oft nicht für den Esstisch, sondern für die Stierkampfarena bestimmt sind. Beim waghalsigen Stiertreiben in Pamplona reicht man jeden Juli eine Kaninchen-Pastete namens *pastel de conejo* zum Abendessen.

Der hier angebaute weiße Spargel gilt in ganz Spanien als Frühjahrsdelikatesse. Die einfachen *migas*, geröstete Brotwürfel, allerorten aus der Küche der Bergbauern bis in die Tapas-Bars vorgedrungen, werden dort jedoch auch zu Schokoladensauce oder Weintrauben gereicht. Eine andere regionale Spezialität ist in Schokoladensauce gegartes Federwild.

Auf den Speisekarten finden sich oft *truchas a la navarra*, in den kräftigen Rotweinen der Gegend marinierte und samt Kräutern und Gewürzen in der Marinade pochierte Forellen. Bei den Gebirgshirten dagegen wird die frisch gefangene Forelle einfach über einem offenen Feuer aus Wildkräuterzweigen gebraten und mit gewürfeltem Serrano-Schinken gewürzt.

*Hotels und Appartementblöcke drängen sich an den spanischen Stränden, um die Touristenströme aufzunehmen.*

# Die spanische Küche

**Chilischoten (pimientos chili)** Scharfe spanische Gerichte enthalten sehr wahrscheinlich rote Chilischoten, die jedoch sehr vorsichtig eingesetzt werden. Kräftige Kost aus den Bergen im Nordwesten wird mit den winzigen *guindilla*-Schoten gewürzt, den schärfsten überhaupt. Die süßen, aber ebenfalls scharfen *romesco*-Schoten werden in der katalanischen Romesco-Sauce verwendet (Seite 233), stattdessen kann man auch *ñora*- bzw. *nyora*-Schoten nehmen. Die *choricero*-Chilischote verleiht Chorizo-Würsten ihren Geschmack und ihre rot-orangene Farbe.

**Chorizo-Wurst (chorizo)** In Spanien gibt es ein abwechslungsreiches Wurstangebot, wobei die Chorizo am bekanntesten ist. Chorizo wird immer aus Schwein hergestellt und mit der *choricero*-Chilischote gewürzt. Davon abgesehen scheint die Vielfalt unbegrenzt zu sein; Chorizos können dick, dünn, geräuchert, ungeräuchert, mild oder würzig sein und einen unterschiedlichen Fettgehalt aufweisen.

**Eintöpfe (cocidos)** Deftige Eintöpfe gibt es in den meisten Gegenden, wobei *cocido madrileño* den Gipfel bildet – ein gewaltiges, dreigängiges Festessen (Seite 25). *Olla* (wörtlich „Topf") ist eine weitere Bezeichnung für diese Eintöpfe.

**Käse (queso)** Manchego, ein bekannter Schafskäse aus La Mancha, ist für viele Fremde der spanische Käse schlechthin, aber die Auswahl ist riesig, und traditionelle Käsesorten werden aus Kuh-, Schafs- und Ziegenmilch bzw. einer Mischung aus diesen Milchsorten hergestellt. Manche behaupten, dass es in Spanien mehr Käsesorten als in Frankreich gibt. Viele davon gibt es jedoch nur in bestimmten Gegenden, die sie auch nie verlassen.

**Kichererbsen (garbanzos)** Die spanischen Eroberer führten diese leicht nussigen, gehaltvollen, runden Hülsenfrüchte aus der Neuen Welt ein. Getrocknete Kichererbsen muss man über Nacht einweichen und dann kochen. Spanische Köche sparen hier Zeit, indem sie sie als Konserven oder *en remojo* kaufen – eingeweicht und kochfertig.

**Knoblauch (ajo)** Vermutlich sind Desserts die einzigen spanischen Gerichte, die dieses scharfe Gemüse nicht enthalten. Spaniens Knoblauchanbau ist auf der rauen, staubigen La-Mancha-Hochebene zu Hause. Kaufen Sie feste, dicke Knollen mit fester, weißer Außenhaut und lagern Sie sie kalt und trocken. Die Knolle sollte einen Monat lang frisch bleiben, doch sobald sie aufgebrochen wird, beginnen die einzelnen Zehen auszutrocknen und sollten innerhalb von 10 Tagen verbraucht werden.

**Mandeln (almendras)** Sie kommen in der spanischen Küche in beinahe jeder Art von Gericht vor – von pikant bis süß. Die Mauren führten den Mandelbaum ein und pflanzten die ersten Haine in der Nähe von Granada. Mandeln werden als Tapa gereicht, gemahlene Mandeln verwendet man zum Eindicken oder anstelle eines Mehlanteils in Nachspeisen. Hauptsächlich werden sie in der spanischen Küche für Konfekt verwendet, insbesondere für *turrón*. Mandeln werden aufgrund ihres hohen Fettgehalts schnell ranzig und sind daher an einem kühlen, dunklen Ort zu lagern, z. B. im Kühlschrank bzw. sogar in der Gefriertruhe. Kaufen sie unblanchierte Mandeln, da die Haut sie vorm Austrocknen schützt (Seite 50).

**Oliven (azeitunas)** Bei Oliven haben Spanier die Qual der Wahl; ein Schälchen Oliven wird meist als einfachste Tapa gereicht. Es werden über 50 Sorten dieser ölhaltigen Früchte angebaut, und mehr als die Hälfte der zum Verzehr gedachten Oliven kommen aus Andalusien. Einige Sorten sind: *aragón* (klein, weichhäutig, hellschwarz mit leichtem Rosaton), *arbequiña* (ganz klein, rund und blassgrün), *cacereña* (klein, schwarz, festfleischig), *gordal* (sehr groß, grün, aromatisch) und *manzanilla* (klein und grün, aber gehaltvoll). Letztere sind fleischig und werden oft mit Sardellen, Paprika oder winzigen Oliven gefüllt.

**Olivenöl (aceite de oliva)** In der spanischen Küche ist es die wichtigste Zutat. Es wird in den unterschiedlichsten Gerichten verwendet, sogar in manchen Backrezepten, bei denen andernorts tierisches Fett genommen wird. Spanien ist der größte Olivenölproduzent der Welt. Strenge Etikettierungsvorschriften garantieren die Qualität des Öls, die von der Art der Gewinnung und der enthaltenen Menge an Fettsäuren abhängt. Natives Olivenöl extra (*aceite de oliva virgen extra*) aus der ersten Kaltpressung ist die höchste Qualitätsstufe. Natives Olivenöl (*aceite de oliva virgen*) ist ebenfalls kaltgepresst, jedoch weniger hochwertig. Die einfache Etikettierung „Olivenöl" (*aceite de oliva*) weist auf eine Mischung aus nativen und raffinierten Olivenölen hin; dieses Öl ist schwieriger zu finden als Natives extra. Sparen Sie sich bestes Natives Öl extra für Salat-Dressings und Marinaden auf, da beim Braten die feinen Geschmacksnuancen verloren gehen.

**Paprika (pimentón)** Die orange-rote Farbe und das süße bis scharfe, erdige Aroma der Paprika hat in viele spanische Gerichte Eingang gefunden. Paprikapulver besteht aus fein gemahlenen, getrockneten roten Paprikaschoten; sein Schärfegrad und seine Farbintensität hängen von der jeweiligen Paprikasorte ab. Ungarn zählt ebenfalls zu den großen Paprikapulver-Herstellern, aber die spanische Variante ist in der Regel milder und etwas süßer.

**Reis (arroz)** Der in der Levante angebaute Rundkornreis ist in den meisten spanischen Küchen ein Grundnahrungsmittel. Er ist die Hauptzutat für Paella (Seite 121). Das besondere an der spanischen Reiszubereitung ist, dass der Reis beim Kochen weder abgedeckt noch umgerührt wird, sodass sich ganz andere Reisgerichte ergeben als etwa Langkornreis-Pilaws oder weiche Risottos. Fast alle Reisrezepte wurden mit Calasparra-Reis aus Murcia ausprobiert. Ersatzweise kann man Rundkornreis verwenden; bei Milchreis würde das Gericht dann jedoch zu breiig. Bei Reis mit Chorizo und Garnelen (Seite 125) wurde eine schnell kochende Variante verwendet.

**Safran (azafrán)** Safran verleiht spanischen Klassikern wie Paella oder dem katalanischen Fischeintopf (Seite 156) einen unverkennbaren, goldenen Farbton und ein ausgeprägtes Aroma. Er wurde im 8. Jahrhundert durch die Mauren eingeführt. Safran wird aus Krokusnarben gewonnen und ist das teuerste Gewürz der Welt, da die arbeitsintensive Entfernung der staubigen roten Narben aus den Krokuspflanzen (*Crocus sativus*) von Hand erledigt werden muss. Um 450 g Safran zu gewinnen, sind bis zu 75 000 Narben erforderlich. Heute wird in den Dörfern von La Mancha ein Großteil des weltweiten Bedarfs hergestellt. Wenn das „rote Gold" im Oktober geerntet wird, ist die gesamte Bevölkerung eines Dorfes daran beteiligt. Sobald die Narben eingesammelt sind, werden sie kurz geröstet; danach hält sich ihr Aroma bei sachgerechter Lagerung in einem luftdichten Behälter bis zu drei Jahren. Kurkuma wird oft als preiswerterer Ersatz für Safran angegeben, ist aber in puncto Geschmack und Aroma überhaupt nicht vergleichbar.

**Schinken (jamón)** In dem Land, in dem Schweinefleisch eine so große Rolle spielt, wird seit über 2000 Jahren Schinken hergestellt. Serrano-Schinken ist eine Gattungsbezeichnung für das eingesalzene, luftgetrocknete Keulenfleisch von Schweinen aus Berggegenden. Die begehrtesten Schinken sind die der dunklen iberischen Schweine, vor allem aus Jabugo, Lérida, Montánchez, Teruel und Trevélez. Ein Grund für den hohen Preis ist die lange Reifedauer; der andere, dass er oft von Hand geschnitten wird. Preiswertere Sorten werden beim Kochen verwendet, der feinste wird roh als Tapa gereicht. Italienischer Prosciutto ist ein annehmbarer Ersatz. Kochschinken heißt *jamón cocido*.

**Turron (turrón)** Eine Art Nougat mit Honiggeschmack. Seit der Maurenzeit ist Jijona in den Hügeln oberhalb von Alicante das Zentrum seiner Herstellung. Die zwei traditionellen Sorten – weich (*blando*) und hart (*duro*) – haben sich im Laufe der Jahrhunderte kaum verändert.

Es gehört zum Schönsten eines jeden Spanienbesuchs, die erstaunliche, überall angebotene Auswahl an Tapas zu probieren. Zubereitung und Genuss von Tapas sind etwas typisch Spanisches: Die Italiener haben *antipasti*, Franzosen genießen *hors d'oeuvres*, und eine griechische *mezze* kann eine überwältigende Vielfalt an Vorspeisen bieten, aber in keiner anderen Kultur gibt es so etwas wie Tapas.

Tapas sind in ganz Spanien eine Institution: Häppchen, die man zum Drink nimmt, während man sich mit Freunden unterhält – von einer schlichten Schale Oliven oder Mandeln bis hin zu gefüllten Paprikaschoten oder einer goldbraunen Tortilla.

Tapas können mit Meeresfrüchten, Fleisch, Geflügel, Eiern oder Gemüse zubereitet und kalt oder warm serviert werden. Wie so oft in Spanien gibt es dabei kaum allgemeingültige Konventionen, in der Regel öffnen die Tapas-Bars jedoch mittags für mehrere Stunden und abends gegen Ende des Arbeitstages. Für jemanden aus Barcelona z. B. ist der Tapas-Zwischenstopp mit Kollegen nur der Auftakt zum Abendessen daheim oder im Restaurant, wohingegen man in Madrid unter Umständen genug Tapas isst, um auf eine weitere Mahlzeit zu verzichten.

Im größten Teil des Landes wird das tägliche Tapas-Sortiment an der Bar ausgestellt. Ein Kellner legt die vom Gast gewünschten Tapas auf einen Teller, und der isst sie im Stehen oder an der Bar bzw. an einem Tisch sitzend. In Nordspanien bedient man sich dagegen selbst und bezahlt erst am Ende – anhand der Anzahl kleiner Tellerchen, Partysticks oder Holzgäbelchen, an denen die mundgerechten Happen wie etwa gegrillte Jakobsmuscheln oder Schnecken in Öl stecken. In Barcelona und anderen Großstädten florieren außerdem „Fast-Food"-Tapas-Bars, in denen das Tapas-Sortiment auf Platzdeckchen aus Papier abgebildet ist – ideal für des Spanischen unkundige

Touristen, die einfach darauf zeigen und bestellen können.

Das Wort *tapa* bedeutet Deckel oder Abdeckung, und es heißt, dass diese Bezeichnung auf jene Zeit zurückgeht, in der man eine Scheibe Brot mit Schinken oder Käse auf ein Wein- oder Sherryglas legte, um Fliegen fern zu halten, wenn man müde Reisende zu Pferd bediente. Der Preis für einfache Tapas war früher im Getränkepreis enthalten, aber diese Tradition ist leider fast völlig ausgestorben.

Die Vielfalt der Tapas gliedert sich in verschiedene Kategorien: *Cosas de picar* – d. h. „Kleinigkeiten zum Knabbern" – sind „Finger Food", z. B. Eingelegte Oliven (Seite 47), Paprikamandeln (Seite 50), Frittierte grüne Chillies (Seite 49), Stücke von einer Spanischen Tortilla (Seite 42) oder Salate auf Brot (Seite 93). *Pinchos* sind etwas gehaltvoller und stecken an Holzspießchen, z. B. Chorizo-Pilz-Spieße (Seite 74), Feurige Kartoffeln (Seite 86), Hühnerleber mit Sherryglasur (Seite 78) und

*Es heißt, der Name* tapa *gehe auf jene Zeit zurück, in der man eine Scheibe Brot mit Schinken oder Käse auf ein Wein- oder Sherryglas legte, um Fliegen fern zu halten.*

Fleischklößchen mit Tomatensauce (Seite 77). *Cazuelas* sind kleine braune Tonschälchen, die Köche überall in Spanien verwenden, weshalb die darin servierten Tapas ebenso genannt werden. Dazu gehören Knoblauchgarnelen mit Zitrone und Petersilie (Seite 64) und Dicke Bohnen mit Schinken (Seite 81). *Raciones* sind sättigendere Tapas, z. B. kleine Spieße, von denen einige durchaus eine Mahlzeit ersetzen können.

Seite 40/41: *Spanien ist mehr als Sonne und Sandstrand: Seine Landschaft ist erstaunlich abwechslungsreich.*

# Spanische Tortilla
## *Tortilla española*

*Es gibt wohl kaum eine Tapas-Bar in Spanien, in der dieses einfache, aber köstliche Omelett nicht serviert wird, und den meisten spanischen Köchen dürfte die Zubereitung mühelos von der Hand gehen. Einige Generationen früher sagte man noch, ein Mädchen könne seine Chancen auf frühe Verheiratung durch Zubereitung einer wirklich guten Tortilla erhöhen.*

*Dieses klassische Rezept, die so genannte* tortilla española, *beinhaltet nur die einfachsten Zutaten: Eier, Kartoffeln und Zwiebeln. Die Namen anderer Tortillas dagegen lassen auf Herkunft und Zutaten schließen: Eine* tortilla murciana *enthält rote Paprika und Tomaten, eine* tortilla a la catalana *Bohnen und Butifarra-Wurst, und eine* tortilla de berenjenas *ist die andalusische Variante mit Auberginen.*

**ERGIBT 8–10 PORTIONEN**

**125 ml Olivenöl**

**600 g Kartoffeln, geschält und in dünne Scheiben geschnitten**

**1 große Zwiebel, in dünne Ringe geschnitten**

**6 große Eier**

**Salz und Pfeffer**

**glatte Petersilie, zum Garnieren**

1 Eine 25 cm große Pfanne, vorzugsweise mit Antihaftbeschichtung, erhitzen. Das Öl hineingeben und erhitzen. Die Hitze reduzieren, Kartoffeln und Zwiebel hineingeben und 15–20 Minuten garen, bis die Kartoffeln weich sind.

2 Die Eier in einer großen Schüssel verquirlen und gut mit Salz und Pfeffer abschmecken. Kartoffeln und Zwiebel in einem Sieb über einer feuerfesten Schüssel abtropfen lassen, um das Öl aufzufangen, dann vorsichtig mit den Eiern verrühren. 10 Minuten stehen lassen.

3 Festsitzende Reste mit einem Holzlöffel oder Spatel vom Boden der Pfanne entfernen. 4 Esslöffel des aufgefangenen Öls auf mittlerer Stufe wieder in der Pfanne erhitzen. Die Eimischung hineingeben, Kartoffeln und Zwiebel gleichmäßig verteilen und glatt streichen.

4 Unter gelegentlichem Schwenken der Pfanne etwa 5 Minuten garen, bis die Unterseite gestockt ist. Den Rand der Tortilla mit einem Spatel lösen. Einen großen Teller auf ihre Oberseite legen. Pfanne und Teller zusammen vorsichtig wenden*, sodass die Tortilla auf den Teller fällt.

5 1 Esslöffel des restlichen aufgefangenen Öls in die Pfanne geben und verteilen. Die Tortilla mit der gegarten Seite nach oben wieder vorsichtig in die Pfanne gleiten lassen. Mit dem Spatel am Rand lösen und andrücken.

6 Weitere 3 Minuten braten, bis die Eier gestockt sind und der Boden goldbraun ist. Die Pfanne vom Herd nehmen und die Tortilla auf einen Teller gleiten lassen. Vor dem Anschneiden mindestens 5 Minuten stehen lassen. Warm oder kalt servieren.

**Tipp*

Wenn Sie die Tortilla nicht wenden möchten, können Sie sie unter dem Grill auf mittlerer Stufe (etwa 10 cm von der Hitzequelle) fertig garen – bis die dünne Eimischung an der Oberfläche gestockt ist. So bekommt die Tortilla jedoch nicht ihren typischen, abgerundeten Rand.

# Ofentortilla
## *tortilla al horno*

*In einer Madrider Tapas-Bar werden 2,5 cm große Quadrate dieser Tortilla einfach mit Partysticks serviert, in anderen Teilen Spaniens werden sie dagegen auch auf Brot gereicht.*

**ERGIBT 48 STÜCKE**

**Olivenöl**
**1 große Knoblauchzehe, zerdrückt**
**4 Frühlingszwiebeln, weiße und grüne Teile fein gehackt**
**1 grüne Paprika, entkernt und fein gewürfelt**
**1 rote Paprika, entkernt und fein gewürfelt**
**175 g Kartoffeln, gekocht, geschält und gewürfelt**
**5 große Eier**
**100 g saure Sahne**
**175 g frisch geriebener spanischer Roncal-Käse (alternativ Gouda oder Parmesan)**
**3 EL frischer Schnittlauch, klein geschnitten**
**Salz und Pfeffer**

1 Eine 18 cm x 25 cm große Backform mit Folie auslegen und mit dem Öl bestreichen. Beiseite stellen.

2 Etwas Öl sowie Knoblauch, Frühlingszwiebeln und Paprika in einer Pfanne auf mittlerer Stufe etwa 10 Minuten dünsten, nicht anbräunen. Vom Herd nehmen und abkühlen lassen. Mit den Kartoffeln vermengen.

3 Eier, saure Sahne, Käse und Schnittlauch in einer großen Schüssel verrühren. Mit dem abgekühlten Gemüse vermengen. Mit Salz und Pfeffer abschmecken.

4 Die Mischung in der Backform verteilen und die Oberfläche glatt streichen. Im vorgeheizten Ofen bei 190 °C 30–40 Minuten goldbraun backen, bis die Mischung Bläschen bildet und auch innen gestockt ist. Aus dem Ofen nehmen und abkühlen lassen. Mit einem Spatel den Rand lösen, dann mit der unteren Seite nach oben auf ein Hackbrett wenden. Die Folie entfernen. Wenn die Oberfläche nicht ganz fest ist, unter einem Grill auf mittlerer Stufe stocken lassen.

5 Vollständig abkühlen lassen. Falls nötig, den Rand begradigen, dann in 48 Quadrate schneiden. Auf einer Servierplatte mit Holzspießchen servieren oder jedes Quadrat auf ein Stück Brot legen und mit einem Stick befestigen.

# Tomatenbrot
## *Pa amb tomàquet*

*Es wäre sehr ungewöhnlich, eine Mahlzeit in Barcelona nicht mit Pa amb Tomàquet zu beginnen – ganz gleich ob in einer Tapas-Bar, im Restaurant oder daheim.*

**Brot oder Baguette, in Scheiben geschnitten**
**Tomaten**
**Knoblauch, nach Belieben**
**Olivenöl, nach Belieben**

1 Für die einfachste Variante die Brotscheiben einfach mit einer halben, frischen, saftigen Tomate einreiben. Weiches Brot eventuell vorher toasten. Man kann es zudem mit Knoblauch würzen oder mit Olivenöl beträufeln.

*Variation*

Ein gehaltvollerer Snack ist *Pan con tomate* mit dünn geschnittenem Serrano-Schinken und Manchego-Käse auf einem Extrateller.

# Eingelegte Oliven



## *Azeitunas aliñadas*

*In Spanien ist es einerlei, ob man gekaufte oder selbst gemachte eingelegte Oliven verwendet, denn es gibt eine riesige Auswahl mit vielen Geschmacksvarianten.*

*Alle Märkte und Supermärkte bieten eine Vielfalt eingelegter Oliven an – neben anderen Gemüsesorten wie Chillies oder den langen, süßen, mediterranen Paprikaschoten. Auch wenn Sie so eine Auswahl nicht haben, ist es immer nützlich, ein Glas im Regal zu haben, um es zu Drinks reichen zu können.*

**FÜLLT EIN 500 ML-EINMACHGLAS**

**175 g grüne, mit Paprika gefüllte spanische Oliven in Salzlake, abgetropft**

**175 g schwarze spanische Oliven in Salzlake, abgetropft**

**55 g gegrillte und entkernte Paprika (Tipp Seite 74), in dünne Streifen geschnitten**

**2 dünne Zitronenscheiben**

**2 Zweige frischer Thymian**

**1 Lorbeerblatt**

**1 getrocknete rote Chilischote**

**1/2 TL Fenchelsamen**

**1/2 TL Koriandersamen, leicht angequetscht**

**Natives Olivenöl* extra**

1 Oliven, Paprikastreifen, Zitronenscheiben, Thymian, Lorbeerblatt, Chili sowie Fenchel- und Koriandersamen in ein 500 ml-Einmachglas geben. Darauf achten, dass die Zutaten gut vermengt sind. Mit Öl bedecken. Das Glas verschließen und vor Gebrauch mindestens 2 Wochen bei Zimmertemperatur stehen lassen.

**Tipp*

Geben Sie aufgrund der Gefahr einer Lebensmittelvergiftung keine Knoblauchscheiben in eine solche Ölmarinade. Verwenden Sie im Handel erhältliches Olivenöl mit Knoblaucharoma, falls Sie dieses Aroma wünschen.

Wenn Sie die Marinade im Kühlschrank aufbewahren, trübt sich das Öl, es wird bei Zimmertemperatur aber wieder klar.

# Oliven und Sardellen
## *Azeitunas y boquerones*

*Diese stilvolle Tapa könnte in einem vornehmen Restaurant in Barcelona zum Drink gereicht werden. Sie ist die Schlichheit selbst und bringt das Aroma von hochwertigem Olivenöl – das beim Kochen verloren geht – voll zur Geltung. Diese Tapa ist außerdem ein ausgezeichnetes Beispiel für spanisches Fast Food – alle Zutaten stehen im Küchenregal bereit. Als weitere, ebenso schnelle und leichte Variante kann man ein eingelegtes Sardellenfilet um eine Olive wickeln und befestigen. Genaue Mengenangaben sind hier nicht relevant.*

**in Pflanzenöl eingelegte Sardellenfilets**
**eingelegte Oliven (Seite 47)**
**Silberzwiebeln**
**Natives Olivenöl extra**

1 Die Sardellenfilets voneinander trennen und zusammen mit Oliven und Zwiebeln auf einem Teller anrichten.

2 Mit dem Olivenöl beträufeln und mit ausreichend Holzspießchen servieren, damit man die einzelnen Happen zum Drink nehmen kann.

# Frittierte grüne Chillies
## *Pimientos fritos*

*Eine Chilischote ist rasch frittiert, und besonders die kurzen* pimientos de Padrón *aus den Gemüsegärten südlich des galizischen Santiago de Compostela ergeben frittiert faszinierende Tapas, die man zum Drink genießen kann. Sie finden sie in 250-g-Beuteln in spanischen Lebensmittelhandlungen und zuweilen im Supermarkt. Sie haben einen frischen Chiligeschmack, ohne sehr scharf zu sein – abgesehen von der einen feurig-scharfen Chilischote, die jeder Beutel enthält und die man erst beim Hineinbeißen erkennt.*

**JEDER BEUTEL CHILLIES ERGIBT 4–6 PORTIONEN**

**Olivenöl**

**milde oder scharfe grüne Chillies**

**Meersalz**

1 Öl 7,5 cm hoch in einem gusseisernen Topf auf 190 °C erhitzen bzw. bis ein Brotwürfel vom Vortag darin in 30 Sekunden gebräunt wird.

2 Die Chillies unter fließend kaltem Wasser abspülen und mit Küchenpapier trockentupfen. Maximal 20 Sekunden ins Öl tauchen, bis sie hellgrün werden und die Haut Blasen wirft.

3 Mit einem Schaumlöffel herausnehmen und auf zerknülltem Küchenpapier abtropfen lassen. Mit Meersalz bestreuen und sofort servieren.

*Variation*

Für eine üppigere Tapa ein Spiegelei mit dem Eigelb nach oben auf eine dünne Scheibe Brot legen. Das feste Eiweiß und eine frittierte *pimiento de Padrón* mit einem Holzspießchen auf dem Brot befestigen.

# Paprikamandeln
## *Almendras al pimentón*

*In Spanien verzehrt man zum Drink gern ein paar Mandeln – in scheinbar unzähligen Varianten. Sie sind oft Teil eines Tapas-Sortiments und werden in vielen Wein- und Cocktailbars zu einem Glas Sherry oder Wein gereicht. Mal sind es einfach nur abgezogene Mandeln ohne weitere Zutaten, mal werden sie in Olivenöl gebraten und mit grobem Meersalz bestreut oder mit ganz fein gemahlenem Salz überzogen. Die folgende Variante verleiht ihnen ein pikantes Paprikaaroma. Paprikamandeln bleiben luftdicht verschlossen bis zu drei Tagen frisch.*

**ERGIBT 500 G/FÜR 4–6 PERSONEN**

**1 1/2 EL grobes Meersalz**

**1/2 TL spanisches Paprikapulver (mild oder scharf), nach Geschmack**

**500 g abgezogene Mandeln***

**Natives Olivenöl extra**

1 Meersalz und Paprika in einem Mörser zu feinem Pulver zerstoßen oder in einer Gewürzmühle fein mahlen (die Menge ist für einen normalen Mixer zu gering).

2 Die Mandeln auf einem Backblech verteilen und unter gelegentlichem Wenden im vorgeheizten Ofen bei 200 °C ca. 8–10 Minuten rösten, bis sie goldbraun sind und ein Aroma verströmen; ab der 7. Minute gut Acht geben, da sie schnell anbrennen. Sofort in eine feuerfeste Schüssel geben.

3 Mit 1 Esslöffel Öl beträufeln und verrühren, bis alle Mandeln damit leicht und gleichmäßig überzogen sind, gegebenenfalls mehr Öl zugeben. Mit der Salz-Paprika-Mischung bestreuen und wieder verrühren. In eine kleine Schüssel umfüllen und zimmerwarm servieren.

**Tipp*

Am besten kauft man nicht abgezogene Mandeln und blanchiert sie erst bei Bedarf, da sie sofort nach dem Entfernen der dünnen, braunen Haut beginnen auszutrocknen. Die unblanchierten Mandeln in eine feuerfeste Schüssel geben, mit kochendem Wasser übergießen und eine Minute stehen lassen. Gut abtropfen lassen, dann trockentupfen und die Haut abziehen.

# Eingelegte Makrelen



## *Caballa en escabeche*

FÜR 4–6 PERSONEN

8 frische Makrelenfilets

300 ml Natives Olivenöl extra

2 große rote Zwiebeln, in dünne Ringe geschnitten

2 Karotten, gewürfelt

2 Lorbeerblätter

2 Knoblauchzehen, klein geschnitten

2 getrocknete rote Chillies

1 Fenchelknolle, halbiert und in dünne Scheiben geschnitten

300 ml Sherryessig

1 1/2 EL Koriandersamen

Salz und Pfeffer

getoastete Baguette-Scheiben, zum Servieren

1 Die Makrelenfilets mit der Haut nach oben auf einen Grillrost legen und dünn mit etwas Öl bestreichen. Auf mittlerer Stufe in ca. 10 cm Abstand von der Hitzequelle 4–6 Minuten grillen, bis die Haut braun und knusprig ist und der Fisch sich leicht zerteilen lässt. Beiseite stellen.

2 Das restliche Öl in einer großen Pfanne erhitzen. Die Zwiebeln hineingeben und ca. 5 Minuten dünsten, nicht anbräunen. Die restlichen Zutaten zugeben und 10 Minuten köcheln lassen, bis die Karotten weich sind.

3 Die Makrelenfilets in große Stücke zerteilen, dabei Haut und kleine Gräten entfernen. Die Stücke in ein Einmachglas geben und mit der Zwiebel-Karotten-Fenchel-Mischung übergießen. (Dicht gedrängt sollte alles in das Glas passen. Nach dem Zugießen der Gemüsemischung sollte nur eine ganz kleine Luftkammer bleiben.) Vollständig abkühlen lassen, dann fest verschließen und für mindestens 24 Stunden bis höchstens 5 Tagen in den Kühlschrank stellen. Die Makrelenstücke auf getoastetem Baguette mit etwas Öl beträufeln und servieren.

Alternativ dazu Makrelen und eingelegtes Gemüse als Salat bzw. ersten Gang reichen.

*Variation*

Die hier verwendete Lake passt auch gut zu gegrillten Kabeljau- oder Seehechtfilets, gegrillten und ausgelösten Muscheln oder gebratenen Thunfisch- und Schwertfischsteaks.

*Tapas-Bars und -Restaurants mit echt spanischer Küche liegen oft abseits der stark besuchten Touristenorte.*

# Frittierter eingelegter Seeteufel

## *Rape escabechado frito*

**FÜR 4–6 PERSONEN**

**600 g Seeteufel**

**600–900 ml Natives Olivenöl extra**

**6 Schalotten, in dünne Ringe geschnitten**

**2 Karotten, gewürfelt**

**1 Fenchelknolle, halbiert und in Scheiben geschnitten**

**2 Lorbeerblätter**

**2 Knoblauchzehen, klein geschnitten**

**1/2 TL Chiliflocken, oder nach Geschmack**

**300 ml Weißweinessig**

**Salz und Pfeffer**

**1 1/2 EL Koriandersamen**

**Zitronenspalten, zum Servieren**

*Teig*

**150 g Mehl plus 4 EL mehr, zum Bestäuben**

**1/2 TL Salz**

**1 Ei, getrennt**

**200 ml Bier**

**1 EL Olivenöl**

1 Die Haut des Seeteufels abziehen, den Schwanz unter fließend kaltem Wasser abspülen und trockentupfen. Den Schwanz längs zu beiden Seiten der Mittelgräte einschneiden, dann die Mittelgräte entfernen. Das Seeteufel-Fleisch quer in 1 cm dicke Scheiben schneiden.

2 Auf mittlerer Stufe 4 Esslöffel Öl in einer großen Pfanne erhitzen. So viele Fischscheiben wie möglich hineingeben und 2 Minuten braten. Wenden und weitere 4 Minuten braten, bis die Scheiben gerade gar sind und sich leicht zerteilen lassen. Auf Küchenpapier abtropfen lassen. In einer nichtmetallenen Schüssel beiseite stellen.

3 In der Pfanne 250 ml Öl erhitzen. Schalotten zugeben und ca. 3 Minuten weich dünsten. Karotten, Fenchel, Lorbeer, Knoblauch, Chilipulver, Essig sowie Salz und Pfeffer nach Geschmack zugeben und verrühren. Aufkochen, Hitze reduzieren und 8 Minuten köcheln lassen. Koriandersamen einrühren und weitere 2 Minuten köcheln lassen, bis die Karotten weich sind.

4 Den Seeteufel mit der Mischung übergießen und abkühlen lassen. Abgedeckt für mindestens 24 Stunden, maximal 5 Tage in den Kühlschrank stellen.

5 Den Teig 30 Minuten vor dem Braten zubereiten. Mehl und Salz in eine große Schüssel sieben und eine Mulde in die Mitte drücken. Eigelb und 100 ml Bier zugeben und das Mehl nach und nach mit der Flüssigkeit verschlagen. Das Öl und so viel vom restlichen Bier unterrühren, bis der Teig dickflüssig und glatt ist. Abdecken und 30 Minuten stehen lassen.

6 Die Fischstücke aus der Marinade nehmen und mit Küchenpapier trockentupfen. Beiseite stellen. Öl zum Frittieren in einem großen, gusseisernen Topf erhitzen, bis ein Brotwürfel vom Vortag darin in 30 Sekunden gebräunt wird. Das Eiweiß schlagen, bis sich steife Spitzen bilden. Den Teig umrühren, dann das Eiweiß einrühren.

7 Die restlichen 4 Esslöffel Mehl auf einen Teller sieben und mit Salz und Pfeffer abschmecken. Die Fischstücke darin wenden, überschüssiges Mehl entfernen. Die Seeteufelstücke in den Teig tauchen, dann in das Öl geben. Gegebenenfalls portionsweise arbeiten, damit genügend Platz im Topf ist. Ca. 3–4 Minuten goldbraun frittieren. Herausnehmen und auf Küchenpapier gut abtropfen lassen. So fortfahren, bis der gesamte Fisch frittiert ist, zwischen den einzelnen Portionen das Öl wieder erhitzen.

8 Den Fisch heiß mit Zitronenspalten zum Beträufeln servieren.

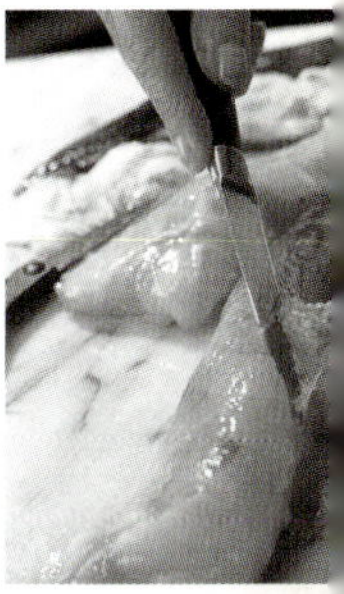

# Stockfisch-Spinat-Küchlein
## *Buñelos de bacalao con espinacas*

*Sie müssen den eingesalzenen Kabeljau für dieses Gericht 48 Stunden einweichen und das Wasser dabei mindestens dreimal wechseln.*

**ERGIBT CA. 16 PORTIONEN**

**250 g Stockfisch (eingesalzener, getrockneter Kabeljau) am Stück**

*Teig*

**140 g Mehl**
**1 TL Backpulver**
**1/4 TL Salz**
**1 großes Ei, leicht verquirlt**
**140 ml Milch**

**2 Zitronenscheiben**
**2 Zweige frische Petersilie**
**1 Lorbeerblatt**
**1/2 EL Olivenöl mit Knoblaucharoma**
**85 g junger Spinat, abgespült**
**1/4 TL spanisches Paprikapulver, nach Geschmack**
**Olivenöl**
**grobes Meersalz, nach Belieben**
**1 Portion Knoblauchmayonnaise (Seite 232), zum Servieren**

1 Den Stockfisch in eine große Schüssel legen, mit kaltem Wasser bedecken und 48 Stunden einweichen. Dabei das Wasser mindestens dreimal wechseln.

2 Für den Teig Mehl, Backpulver und Salz in eine Schüssel sieben und eine Mulde hineindrücken. Das Ei mit 100 ml der Milch verrühren, in die Mulde gießen und alles zu einem dickflüssigen, glatten Teig verrühren. Ist er zu dick, die restliche Milch einrühren. Mindestens 1 Stunde beiseite stellen.

3 Den Stockfisch in eine große Pfanne legen. Zitronenscheiben, Petersilie und Lorbeerblatt zugeben, mit Wasser bedecken und aufkochen. Hitze reduzieren und 30–45 Minuten köcheln lassen, bis der Fisch weich ist und sich leicht zerteilen lässt.

4 Inzwischen den Spinat zubereiten. Das Öl in einem kleinen Topf auf mittlerer Stufe erhitzen. Den Spinat mit noch feuchten Blättern hineingeben und 3–4 Minuten garen, bis er zusammenfällt.

5 Den Spinat in einem Sieb abtropfen lassen, überschüssiges Wasser mit einem Löffelrücken herauspressen. Fein hacken und zusammen mit dem Paprika in den Teig rühren.

6 Den Fisch aus dem Wasser nehmen, Haut und kleine Gräten entfernen. Das Fleisch zerteilen und in den Teig rühren.

7 Öl 5 cm hoch in einer gusseisernen Pfanne auf 190 °C erhitzen bzw. bis ein Brotwürfel vom Vortag darin in 30 Sekunden gebräunt wird. Mit einem eingefetteten Esslöffel Teigklößchen in das Öl geben und 8–10 Minuten goldbraun frittieren. Den Teig portionsweise verarbeiten, damit ausreichend Platz in der Pfanne ist. Die Küchlein mit einem Schaumlöffel zum Abtropfen auf Küchenpapier legen und mit Meersalz bestreuen.

8 Heiß oder kalt mit Knoblauchmayonnaise als Dip reichen.

# Gegrillte Sardinen



## *Sardinas asados*

*Dieser einfachen, traditionellen Zubereitungsform begegnet man an der gesamten spanischen Mittelmeerküste, wo der Fisch direkt am Boot zubereitet wird (oft auf dem Grill). In der Regel reicht man zu den Sardinen nur Zitronenspalten, um den heißen Fisch damit zu beträufeln. Sie können aber auch Knoblauchmayonnaise dazu servieren (Seite 232). Kombiniert mit einem Orangen-Fenchel-Salat (Seite 109) ergibt sich ein sommerliches Mittagessen.*

*Ein kräftiges Aroma erhält man, indem man jeden Fisch vor dem Grillen mit einem Sardellenfilet füllt.*

**Für 4–6 Personen**
**2 EL Olivenöl mit Knoblaucharoma**
**12 frische Sardinen ohne Kopf, ausgenommen und entgrätet***
**grobes Meersalz und Pfeffer**
**Zitronenspalten, zum Servieren**

1 Den Grill vorheizen und das Grillblech mit etwas Öl bestreichen. Die Sardinen mit dem Öl bestreichen und in nur einer Schicht auf dem Grillblech verteilen. Nach Geschmack mit Salz und Pfeffer bestreuen.

2 Die Sardinen ca. 3 Minuten in 10 cm Abstand von der Hitzequelle grillen, bis die Haut knusprig wird. Mit einer Zange wenden, wieder mit Öl bestreichen und mit Salz und Pfeffer bestreuen. Weitere 2–3 Minuten grillen, bis sich das Fleisch leicht zerteilen lässt und die Haut knusprig ist. Sofort servieren.

*Tipp*

Der Fisch sollte fest sein, eine glänzende Haut und klare, helle Augen haben. Sardinen werden am besten sofort nach dem Kauf verarbeitet und sollten vor dem Grillen kühl gelagert werden.

Der Fischhändler kann die Sardinen für Sie vorbereiten, aber dies lässt sich auch leicht zu Hause erledigen: Die Sardinen einzeln fest in die Hand nehmen und mit der freien Hand den Kopf durch Ziehen nach unten entfernen. Dabei sollte ein Großteil der Eingeweide zusammen mit dem Kopf entfernt werden. Die übrigen Innereien mit einem Finger entfernen. Dann die Spitze der Mittelgräte mit Daumen und Zeigefinger fassen und herausziehen. Unter fließend kaltem Wasser gut abspülen und mit Küchenpapier trockentupfen.

# Oliven im Sardellenmantel

## *Azeitunas envueltos de anchoas*

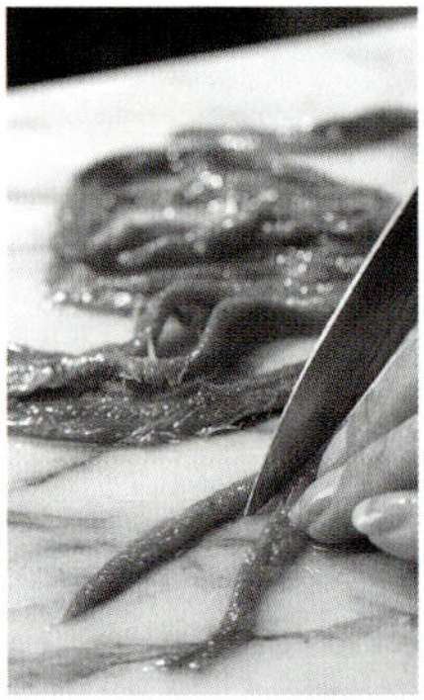

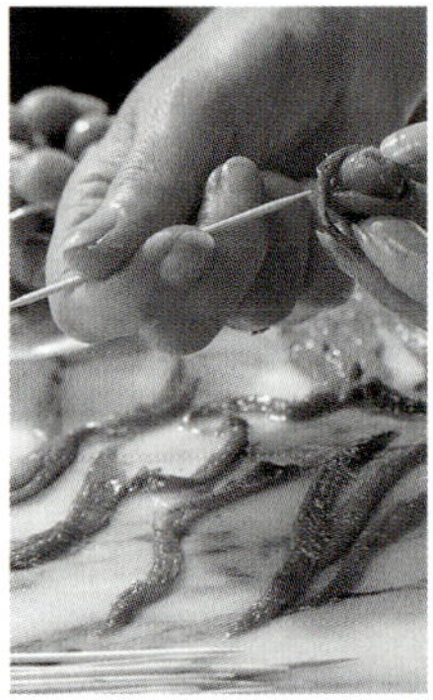

*Die engen, verschlungen Sträßchen von San Sebastián säumen geschäftige, gut besuchte Tapas-Bars. Jeden Tag – und nachts bis in die frühen Morgenstunden – wird hier eine leckere Palette frischer Tapas serviert. Diese so genannten* pinchons *passen ausgezeichnet zu Fassbier, das im Baskenland sehr beliebt ist.*

**ERGIBT 12 STÜCK**

**12 in Pflanzenöl eingelegte Sardellenfilets, abgetropft**

**24 mit Paprika gefüllte grüne Oliven in Öl, abgetropft**

1 Jedes Sardellenfilet längs halbieren. Jede Olive mit einem halben Filet umwickeln, sodass die Enden überlappen. Mit einem Holzspießchen befestigen. Eine weitere Olive und die zweite Filethälfte ebenso verarbeiten und auch auf das Holzspießchen stecken. So fortfahren, bis alle Zutaten verbraucht sind, und man 12 *pinchons* mit je 2 Oliven auf einem Partystick hat.

*Variation*

Anstelle der mit Paprika gefüllten Oliven kann man auch entkernte grüne oder schwarze Oliven mit einem blanchierten Sardellenstreifen füllen. Ansonsten wie oben verfahren.

*Mittelmeer und Atlantik schenken Spanien das ganze Jahr über eine Fülle an Fisch und Meeresfrüchten.*

# Garnelen im Schinkenmantel



## *Gambas envueltos en jamón*

*Am besten bereiten Sie das Dressing für dieses Rezept nur zu, wenn die Tomaten im Sommer richtig reif und voller Aroma sind. Reichen Sie zu den gekühlten Garnelen ansonsten Knoblauchmayonnaise (Seite 232), Romesco-Sauce (Seite 233) oder Mojo-Sauce (Seite 84) als Dip.*

**ERGIBT 16 PORTIONEN**

*Tomaten-Kapern-Dressing*

**2 Tomaten, gehäutet und entkernt***

**1 kleine rote Zwiebel, in sehr dünne Ringe geschnitten**

**4 EL sehr fein gehackte frische Petersilie**

**1 EL eingelegte Kapern, abgespült, abgetropft und gehackt**

**fein geriebene Schale von 1 großen unbehandelten Zitrone**

**4 EL Natives Olivenöl extra**

**1 EL Sherryessig**

**16 dünne Scheiben Serrano-Schinken oder Prosciutto**

**16 rohe Riesengarnelen, ausgelöst (Tipp Seite 64), Schwänze intakt**

**Natives Olivenöl extra**

1 Zuerst das Dressing zubereiten. Das vorbereitete Tomatenfleisch fein hacken und in eine Schüssel geben. Zwiebel, Petersilie, Kapern und Zitronenschale zugeben und alles behutsam vermengen. Öl und Essig mischen und zu den übrigen Zutaten gießen. Beiseite stellen.

2 Um jede Garnele eine Scheibe Schinken wickeln; mit ein wenig Öl bestreichen. Die Garnelen in eine feuerfeste Schale legen, die groß genug ist, dass alle in einer Schicht hineinpassen. Im vorgeheizten Ofen bei 160 °C 10 Minuten backen.

3 Die Garnelen auf eine Servierplatte legen. Das Tomaten-Kapern-Dressing darüber träufeln. Sofort servieren oder auf Zimmertemperatur abkühlen lassen.

**Tipp*

Zum Häuten und Entkernen von Tomaten den Stielansatz entfernen und ein kleines Kreuz in die Oberseite schneiden. In eine feuerfeste Schale legen, mit kochendem Wasser bedecken und 30 Sekunden stehen lassen. Dann mit einem Schaumlöffel in eine Schüssel mit Eiswasser heben. Der Reihe nach die Haut der Tomaten abziehen, das Fleisch halbieren und mit einem Teelöffel Kerngehäuse und Samen entfernen.

# Knoblauchgarnelen mit Zitrone und Petersilie

## *Gambas al ajillo con limón y perejil*

*Obwohl die Hauptzutaten dieses einfachen Gerichtes immer gleich bleiben – Garnelen, Knoblauch und Zitrone –, wird es in vielen Varianten serviert: Manchmal sind die Garnelen ungeschält, mal sind Köpfe und Schwänze nicht abgetrennt und nach Belieben können auch Chillies und Petersilie verwendet werden. Dieses Gericht wird am besten heiß serviert, aber man kann die Garnelen auch aus dem Öl nehmen, abkühlen lassen und dann kalt servieren.*

**FÜR 6 PERSONEN**

**60 rohe Riesengarnelen**

**150 ml Olivenöl**

**6 Knoblauchzehen, klein geschnitten**

**3 getrocknete, scharfe rote Chillies, nach Belieben**

**6 EL Zitronensaft, frisch gepresst**

**6 EL sehr fein gehackte Petersilie**

**Baguette, zum Servieren**

1 Garnelen schälen und die Darmfäden entfernen.* Köpfe ebenfalls entfernen, Schwänze intakt lassen. Die Garnelen trockentupfen.

2 Das Öl in einer großen, tiefen Pfanne erhitzen. Knoblauch und – nach Belieben – Chillies hineingeben und verrühren, bis sie zu zischen beginnen. Garnelen zugeben und garen, bis sie rosa werden und sich zusammenrollen.

3 Die Garnelen mit einem Schaumlöffel in warme Keramikschüsseln geben. Mit Zitronensaft besprenkeln und mit Petersilie bestreuen. Sofort mit viel Brot zum Aufnehmen der Flüssigkeit servieren.

**Tipp*

Um den Darmfaden zu entfernen, den Rücken der Garnele vom Kopf bis zum Schwanz mit einem schmalen Messer einschneiden. Dann den dünnen, schwarzen Darm entfernen.

*Alte Kirchen sind aus der spanischen Landschaft nicht wegzudenken.*

# Paprika mit Krabbensalat-Füllung



## *Pimientos del piquillo rellenos de ensalada de cangrejo*

*In vielen spanischen Küchen gibt es mindestens ein Glas mit den süßen* pimientos del piquillo, *roten Paprikaschoten, die geröstet, gehäutet und entkernt sind und für Füllungen, Eintöpfe und Salate verwendet werden können. Achten Sie darauf, für dieses Rezept in Öl oder Salzlake eingelegte ganze Schoten zu kaufen.*

**ERGIBT 16 PORTIONEN**

*Krabbensalat*

**240 g Krabbenfleisch, abgetropft und trockengepresst**

**1 rote Paprika, gegrillt, gehäutet (Tipp Seite 74) und gehackt**

**2 EL frischer Zitronensaft**

**Salz und Pfeffer**

**200 g Frischkäse**

**16 pimientos del piquillo, abgetropft oder frisch geröstete Paprika*, Stielansatz abgeschnitten**

**frisch gehackte Petersilie, zum Garnieren**

1 Zuerst den Krabbensalat zubereiten. Das Krabbenfleisch durchsehen und etwaige Schalenreste entfernen. Die Hälfte des Krabbenfleisches mit der vorbereiteten roten Paprika, 1 1/2 Esslöffeln Zitronensaft und Gewürzen nach Geschmack in eine Küchenmaschine füllen und gut durchmixen, dann in eine Schüssel umfüllen. Den Frischkäse zerkleinern und mit dem restlichen Krabbenfleisch unterrühren. Abschmecken und bei Bedarf noch Zitronensaft zugeben.

2 Die *pimientos del piquillo* trockentupfen und eventuell noch vorhandene Samen aus den Spitzen entfernen. Den Krabbensalat mit einem kleinen Löffel auf die Schoten verteilen und diese großzügig füllen. Auf einem großen Servierteller oder einzelnen Tellern anordnen, abdecken und in den Kühlschrank stellen. Die gefüllten Schoten kurz vorm Servieren mit der gehackten Petersilie bestreuen.

**Tipp*

Falls Sie keine *pimientos del piquillo* erhalten und die Paprikaschoten selbst rösten müssen, verwenden Sie nicht die glockenförmigen, sondern 16 Stück von der langen, süßen, mediterranen Sorte. Sollten Sie jedoch nur die glockenförmigen auftreiben können, dann 4–6 davon in Stücke schneiden und den Krabbensalat darauf verteilen.

# Pizza mit Gemüse und Venusmuscheln

## *Coca mallorquina*

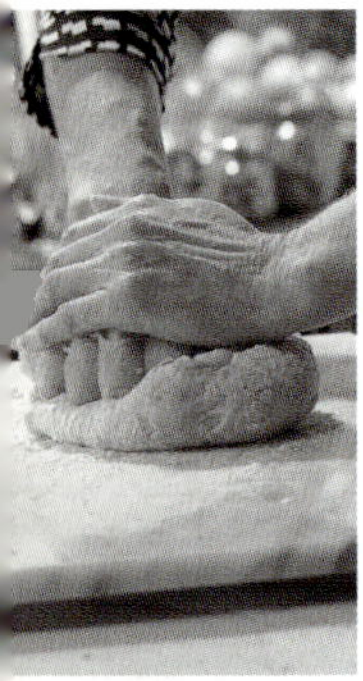

**FÜR 4–6 PERSONEN**

*Teig*

**400 g Weizenmehl (Type 812), plus etwas mehr zum Kneten**

**1 Päckchen Trockenhefe**

**1 TL Salz**

**1/2 TL Zucker**

**1 EL Olivenöl**

**1 EL trockener Weißwein**

**225 ml warmes Wasser**

**2 EL Natives Olivenöl extra**

**4 große Knoblauchzehen, zerdrückt**

**2 große Zwiebeln, in dünne Ringe geschnitten**

**10 pimientos del piquillo (Tipp Seite 67), abgetropft, trockengetupft und in dünne Streifen geschnitten**

**250 g ausgelöste kleine Venusmuscheln in Lake (Abfüllgewicht), abgespült und abgetropft**

**Salz und Pfeffer**

1 Für den Teig Mehl, Hefe, Salz und Zucker in einer Schüssel verrühren und eine Mulde in die Mitte drücken. Öl, Wein und Wasser mischen und 175 ml der Flüssigkeit in die Mulde gießen. Das Mehl nach und nach vom Rand her untermischen, bis sich ein weicher Teig bildet, bei Bedarf die restliche Flüssigkeit zugeben.

2 Den Teig auf eine leicht bemehlte Arbeitsfläche legen, glatt kneten und zu einem Ball formen. Die Schüssel ausspülen und innen mit Öl bestreichen. Den Teig wieder in die Schüssel geben und darin wenden, bis er leicht mit Öl überzogen ist. Die Schüssel fest mit Klarsichtfolie abdecken und an einen warmen Ort stellen, bis sich das Volumen des Teigs verdoppelt hat.

3 Das Öl in einer großen, gusseisernen Pfanne auf mittlerer Stufe erhitzen. Hitze reduzieren, Knoblauch und Zwiebeln hineingeben und unter ständigem Rühren 7 Minuten leicht dünsten, bis die Zwiebeln goldbraun, aber nicht angebrannt sind.

4 Die Zwiebeln in eine Schüssel füllen und abkühlen lassen. Paprikastreifen und Venusmuscheln zugeben und alles verrühren. Beiseite stellen.

5 Den Teig abschlagen und auf einer leicht bemehlten Arbeitsfläche rasch durchkneten. Mit der umgedrehten Schüssel abdecken und ca. 10 Minuten stehen lassen, damit er leichter ausgerollt werden kann.

6 Ein flaches, 32 cm x 32 cm großes Backblech gut bemehlen. Den Teig zu einem 34 cm großen Quadrat ausrollen, auf das Backblech legen und die Kanten zu einem dünnen Rand einrollen. Den Boden überall mit einer Gabel einstechen.

7 Den Belag gleichmäßig auf dem Teig verteilen und mit Salz und Pfeffer abschmecken. Im vorgeheizten Ofen bei 230 °C 25 Minuten backen, bis der Rand goldbraun ist und die Zwiebelspitzen sich leicht verfärben. Auf einem Kuchengitter vollständig abkühlen lassen. In 12–16 Stücke schneiden.

Seite 70/71: *Zu den Delikatessen der spanischen Küche gehören Wurst und luftgetrockneter Schinken.*

800

# Kichererbsen mit Chorizo



## *Garbanzos con chorizo*

1 Das Öl in einer großen (gusseisernen) Pfanne auf mittlerer Stufe erhitzen. Zwiebeln und Knoblauch zugeben und unter gelegentlichem Rühren weich dünsten, nicht anbräunen. Die Chorizo-Wurst zugeben, vermengen und erhitzen.

2 Die Mischung in eine Schüssel umfüllen. Kichererbsen und Paprikaschoten unterrühren. Einen Schuss Sherryessig zugeben und mit Salz und Pfeffer abschmecken. Großzügig mit Petersilie bestreuen und mit viel knusprigem Brot zimmerwarm servieren.

**Für 4–6 Personen**

*Servieren Sie diese einfache Tapa stilecht in kleinen Keramikschälchen, den so genannten* cazuelas *– wie in Andalusien.*

**4 EL Olivenöl**

**1 Zwiebel, fein gehackt**

**1 große Knoblauchzehe, zerdrückt**

**250 g Chorizo-Wurst am Stück, Haut entfernt und in 1 cm große Würfel geschnitten**

**400 g Kichererbsen aus der Dose, abgespült und abgetropft**

**6 pimientos del piquillo (Tipp Seite 67), abgetropft, trockengetupft und in Streifen geschnitten**

**1 EL Sherryessig, oder nach Geschmack**

**Salz und Pfeffer**

**fein gehackte frische Petersilie, zum Garnieren**

**knusprige Brotscheiben, zum Servieren**

*Dattelpalmen – Zeugen der maurischen Vergangenheit auf der Iberischen Halbinsel*

# Chorizo-Pilz-Spieße
## *Pinchitos de chorizo y champinoñes*

*Diese Minispieße sind ein Beispiel für die Tapa-Sorte* pinchos *– mundgerechte Happen an Partysticks.* Pinchos *sind zwar nicht besonders raffiniert, aber schon etwas mehr als nur eine zum Drink gereichte Schale mit Mandeln oder Oliven.*

**ERGIBT 25 PORTIONEN**

**2 EL Olivenöl**

**25 etwa 1 cm große Stückchen Chorizo-Wurst (ca. 100 g),**

**25 Champignons, geputzt, Stiele entfernt**

**1 grüne Paprika, gegrillt und gehäutet*, in 25 quadratische Stückchen geschnitten**

1 Das Öl auf mittlerer Stufe in einer Pfanne erhitzen. Die Chorizo zugeben und 20 Sekunden unter Rühren anbraten. Die Pilze zugeben und weitere 1–2 Minuten braten, bis sie beginnen, sich zu bräunen und das Fett aus der Pfanne aufzunehmen.

2 Immer je ein Stück Paprika und Chorizo sowie einen Pilz auf ein Holzspießchen stecken, bis alle Zutaten aufgebraucht sind. Heiß oder kalt servieren.

**Tipp*

Die Paprikaschoten zum Enthäuten samt Stielansatz längs halbieren (das erleichtert die Entfernung von Kerngehäuse und Kernen). Mit der Haut nach oben in 5–7,5 cm Abstand von der Hitzequelle grillen, bis diese verkohlt ist. Herausnehmen und für 15 Minuten in einen Plastikbeutel legen, dann die Haut abreiben oder abziehen. Kerngehäuse und Kerne entfernen. Alternativ dazu können die Schoten über einer Flamme angekohlt werden. Gegrillte und gehäutete Paprikaschoten können mit Olivenöl bedeckt bis zu 5 Tagen im Kühlschrank aufbewahrt werden.

*Der Zwischenstopp für Tapas gehört in Spanien zum Alltag – in der schicksten Stadt und dem einfachsten Dorf.*

# Fleischklößchen mit Tomatensauce

## *Albondiguitas con salsa de tomates*

*Fleischklößchen sind seit Jahrhunderten fester Bestandteil der spanischen Küche, die ältesten Rezepte dafür gehen auf das 13. Jahrhundert zurück. Das spanische Wort für Fleischklößchen –* albondigas *– leitet sich vom arabischen Wort* al-bunduq *mit der Bedeutung „Haselnuss" ab und bezieht sich vermutlich auf die runde Form. Fleischklößchen unterschiedlicher Größe werden aus Rind-, Lamm- und Schweinefleisch gebacken oder gebraten. Reichen Sie sie einzeln mit Holzspießchen als leichte Tapa zum Drink*, oder spießen Sie als gehaltvolleren Snack* (racione) *jeweils drei auf einen Partystick.*

*Auch Mojo-Sauce (Seite 84) und Knoblauchmayonnaise (Seite 232) passen gut dazu.*

**ERGIBT CA. 60 KLÖSSCHEN**

**Olivenöl**
**1 rote Zwiebel, sehr fein gehackt**
**500 g Gehacktes vom Lamm**
**1 großes Ei, verquirlt**
**2 TL Zitronensaft, frisch gepresst**
**1/2 TL gemahlener Kreuzkümmel**
**1 Prise Cayenne-Pfeffer, nach Geschmack**
**2 EL frische Minze, sehr fein gehackt**
**Salz und Pfeffer**
**300 ml Tomaten-Paprika-Sauce (Seite 236), zum Servieren**

**Tipp*

Diese Tapa eignet sich ausgezeichnet für den Party-Umtrunk, da die Fleischklößchen im Voraus zubereitet und wie auch die Sauce zimmerwarm serviert werden können. Eingefrorene Fleischklößchen sollte man 3 Stunden bei Zimmertemperatur auftauen lassen.

1 1 Esslöffel Öl auf mittlerer Stufe in einer Pfanne erhitzen. Die Zwiebel hineingeben und ca. 5 Minuten unter gelegentlichem Rühren weich dünsten, nicht anbräunen.

2 Die Pfanne vom Herd nehmen, beiseite stellen und abkühlen lassen. Die Zwiebel zusammen mit Ei, Zitronensaft, Kreuzkümmel, Cayenne-Pfeffer, Minze sowie Salz und Pfeffer nach Geschmack in einer großen Schüssel zum Gehackten geben. Alle Zutaten mit den Händen gut vermengen. Ein kleines Stückchen der Mischung braten und abschmecken.

3 Mit feuchten Händen ca. 60 Klößchen aus der Mischung formen. Auf ein Blech legen und für mindestens 20 Minuten in den Kühlschrank stellen.

4 Nach Ablauf der Kühlzeit eine kleine Menge Öl in einer oder zwei Pfannen erhitzen (die genaue Ölmenge hängt vom Fettgehalt des Lammfleisches ab). Die Fleischklößchen in einer Lage und nicht zu dicht aneinander in der Pfanne verteilen und auf mittlerer Stufe ca. 5 Minuten braten, bis sie außen braun, innen aber noch rosa sind. Nötigenfalls portionsweise arbeiten und die garen Fleischklößchen warm halten, während der Rest gebraten wird.

5 Die Tomaten-Paprika-Sauce vorsichtig aufwärmen und als Dip zu den Fleischklößchen servieren. Diese werden am besten warm mit der aufgewärmten Sauce serviert, können aber auch kalt genossen werden.

# Hühnerleber mit Sherryglasur

## *Hígadillos al jerez*

**FÜR 4–6 PERSONEN**

450 g Hühnerleber

2 EL Olivenöl

2 1/2 EL Sherryessig

2 EL Sherry fino

2 Schalotten, fein gehackt

250 ml Hühnerbrühe

1 Zweig frischer Thymian

2 TL flüssiger Honig

1 Prise Cayenne-Pfeffer, nach Geschmack

Salz und Pfeffer

fein gehackte frische Petersilie, zum Garnieren

*Wer nur die spanischen Ferienorte an der Küste besucht, lässt sich die großartige Vielfalt dieses Landes entgehen.*

1 Die Hühnerlebern vorbereiten, alle großen Adern oder grünen Stellen entfernen. Trockentupfen.

2 Das Öl in einer großen Pfanne auf mittlerer bis hoher Stufe erhitzen. Die Hühnerlebern in einer Schicht hineingeben und ca. 5 Minuten unter Rühren garen, bis sie außen gebräunt und beim Aufschneiden innen noch ein bisschen rosa sind. Auf einen feuerfesten Teller legen und im Ofen auf niedriger Stufe warm halten.

3 Essig, Sherry und Schalotten in die Pfanne geben und aufkochen. Dabei alle festen Stückchen vom Pfannenboden kratzen. Hühnerbrühe, Thymian, Honig und Cayenne-Pfeffer zugeben. Köcheln lassen, bis die Mischung auf 4 Esslöffel reduziert ist.

4 Die Hühnerlebern zurück in die Pfanne geben und erhitzen, dabei durch Rühren mit der Glasur überziehen. Abschmecken und mit der Petersilie bestreuen. Sofort mit Holzspießchen dazu servieren.

# Dicke Bohnen mit Schinken



## *Habas con jamón*

**FÜR 4–6 PERSONEN**

**225 g frische dicke Bohnen, die Schalen entfernt**

**2 EL Natives Olivenöl extra**

**1 rote Zwiebel, sehr fein gehackt**

**1 normale bis dicke Scheibe Serrano-Schinken, gehackt**

**fein gehackte frische Petersilie, nach Geschmack**

**Salz und Pfeffer**

**Baguette, zum Servieren**

1 In einem großen Topf Salzwasser aufkochen. Die Bohnen hineingeben und 5–10 Minuten kochen, bis sie gerade zart sind. Abtropfen lassen und in eine Schüssel mit kaltem Wasser geben, um weiteres Garen zu verhindern.

2 In der Zwischenzeit 1 Esslöffel Öl in einer Pfanne auf mittlerer Stufe erhitzen. Die Zwiebel hineingeben und ca. 5 Minuten weich dünsten, nicht anbräunen. Die Bohnen zugeben.

3 Schinken und Petersilie einrühren und abschmecken. Da der Schinken salzig ist, erst kosten und dann nachsalzen. Alles in eine Servierschüssel umfüllen und mit dem restlichen Öl beträufeln. Zimmerwarm mit Baguettescheiben servieren.

*Die Städte der zentralspanischen Hochebene gehen nahtlos in die natürlichen Farben der trockenen Landschaft über.*

# Gebackener Spargel im Schinkenmantel
## *Espárragos asados con jamón serrano*

*Im späten April erscheinen weißer und grüner Spargel auf jeder Speisekarte, oft im Rahmen des* menú del día *(Tagesmenü), und Spanien feiert die Ernte einer der beliebtesten Gemüsesorten. Spargel wird zwar oft gedämpft, aber dieses Rezept verhindert, dass die Stangen zu weich werden.*

*Die Spargelstangen als Tapas rings um eine kleine Schüssel mit Sauce auf einer Platte anrichten, sodass die Gäste die Stangen zwanglos in die Sauce tauchen können. Als ersten Gang auf Einzeltellern mit einem Löffel Sauce darüber servieren.*

**FÜR 4–6 PERSONEN**

**Meersalz**

**24 frische Spargelstangen, holzige Enden entfernt**

**2 EL Natives Olivenöl extra**

**frisch gemahlener Pfeffer**

**12 dünne Scheiben Serrano-Schinken, längs halbiert**

**Romesco-Sauce (Seite 233) oder Knoblauchmayonnaise (Seite 232), zum Servieren**

1 Den Boden einer Bratform, in die der Spargel in einer Lage passt, mit einer Schicht Meersalz bestreuen. Die Spargelstangen mit Olivenöl bestreichen und in die Bratform legen.

2 Im vorgeheizten Ofen bei 220 °C 12–15 Minuten garen, bis der Spargel gerade zart ist, wenn man mit einer Messerspitze hineinsticht. Aus dem Ofen holen und mit Pfeffer abschmecken.

3 Sobald sich der Spargel in die Hand nehmen lässt, um jede Stange ein Stück Schinken wickeln. Heiß, warm oder kalt mit einer kleinen Schüssel Romesco-Sauce oder Knoblauchmayonnaise servieren.

# „Runzlige" Kartoffeln mit Mojo-Sauce
## *Papas arraguadas con mojo*

*Wenn Sie diese klassische Tapa von den kanarischen Inseln servieren, sollten Sie viel kühles Bier oder Wasser bereithalten, denn das Kochwasser der Kartoffeln ist so salzig wie Meerwasser und lässt einen dünnen Salzfilm auf der Schale entstehen, wodurch diese runzlig werden; dieses Salz und die pikante Sauce machen sehr durstig. Wenn Sie keine jungen rotschaligen Kartoffeln bekommen können, verwenden Sie festkochende Kartoffeln.*

**FÜR 4–6 PERSONEN**

**70 g Meersalz**

**24 kleine, rotschalige Frühkartoffeln, ganz und ungeschält**

*Mojo-Sauce*

**40 g Weißbrot vom Vortag, Krusten entfernt und in kleine Stücke zerteilt**

**2 große Knoblauchzehen**

**1/2 TL Salz**

**1 1/2 EL scharfes spanisches Paprikapulver**

**1 EL gemahlener Kreuzkümmel**

**2 EL Rotweinessig**

**5 EL Natives Olivenöl extra**

**2 *pimientos del piquillo* (Tipp Seite 67) aus der Dose, abgetropft**

1 Wasser etwa 2,5 cm hoch in einen Topf geben und das Meersalz einrühren. Die Kartoffeln zugeben, sie müssen nicht mit Wasser bedeckt sein. Ein sauberes Geschirrtuch so falten, dass es die Kartoffeln abdeckt. Aufkochen, die Hitze reduzieren und 20 Minuten köcheln, bis die Kartoffeln weich sind, aber ihre Struktur noch behalten.

2 Das Geschirrtuch entfernen und beiseite legen. Die Kartoffeln abgießen und zurück in den leeren Topf geben. Wenn das Geschirrtuch kalt genug zum Anfassen ist, das in ihm enthaltene Salzwasser in den Topf wringen. Den Topf auf niedriger Stufe erhitzen und schwenken, bis die Kartoffeln trocken und mit einem dünnen weißen Film überzogen sind. Vom Herd nehmen.

3 Inzwischen die Mojo-Sauce zubereiten. Das Brot in einer Schüssel knapp mit Wasser bedecken und 5 Minuten einweichen lassen, dann mit den Händen sehr gut auspressen. Knoblauch und Salz in einem Mörser zu einer Paste verarbeiten. Mit Paprika und Kreuzkümmel verrühren und die Mischung in eine Küchenmaschine geben. 2 Esslöffel Essig zugeben und mischen, dann das Brot und 2 Esslöffel Öl zugeben und wieder mischen.

4 Bei laufender Maschine die Pfefferschoten portionsweise zugeben und pürieren. Gegebenenfalls mehr Öl zugeben, bis die Sauce dickflüssig und glatt ist. Abschmecken und bei Bedarf noch mehr Essig zugeben.

5 Die Kartoffeln zum Servieren halbieren und auf Holzspießchen stecken. Mit einem Schälchen Sauce dazu als Dip servieren. Die Kartoffeln können heiß oder kalt gegessen werden.

# Feurige Kartoffeln
## *Patatas bravas*

*Für dieses Gericht gibt es so viele „authentische" Rezepte wie spanische Köche, und jeder von ihnen hat seine eigene Vorgehensweise. Einige frittieren sie, und oft werden Knoblauchmayonnaise und Chili-Öl gemischt. Diese Variante ähnelt der, die in der Bar Tomás im schicken Sarrià bei Barcelona serviert wird. Die* patatas bravas *dieser Bar wurden von der Zeitung* La vanguardia *zu den besten der Stadt gerechnet.*

**FÜR 6 PERSONEN**

*Chili-Öl*

**150 ml Olivenöl**

**2 kleine, scharfe rote Chillies, aufgeschnitten**

**1 TL scharfes spanisches Paprikapulver**

**1 Rezept Bratkartoffeln (Seite 247)**

**1 Rezept Knoblauchmayonnaise (Seite 232)**

1 Öl und Chillies auf hoher Stufe erhitzen, bis die Chillies zu zischen beginnen. Vom Herd nehmen und das Paprikapulver unterrühren. Das Chili-Öl beiseite stellen und abkühlen lassen. Die Mischung in ein Kännchen umfüllen, ohne sie durchzuseihen.

2 Die Kartoffeln braten, währenddessen die Knoblauchmayonnaise zubereiten.

3 Die Kartoffeln zum Servieren auf 6 Teller verteilen und darauf einen Klecks Knoblauchmayonnaise geben. Mit dem Chili-Öl beträufeln und warm oder kalt servieren. In Spanien werden dazu Holzstäbchen gereicht.

# Grillauberginen-Dip



## *Salsa de berenjenas*

**FÜR 6–8 PERSONEN**

**1 große Aubergine (etwa 400 g)**

**Olivenöl**

**2 Frühlingszwiebeln, fein gehackt**

**1 große Knoblauchzehe, zerdrückt**

**2 EL fein gehackte frische Petersilie**

**Salz und Pfeffer**

**spanisches Paprikapulver, zum Garnieren**

**Baguette, zum Servieren**

1 Die Aubergine in dicke Scheiben schneiden und mit Salz bestreuen, um ihr alle Bitterstoffe zu entziehen. Für 30 Minuten beiseite stellen, dann unter fließend kaltem Wasser abspülen und trockentupfen.

2 4 Esslöffel Öl in einer großen Pfanne auf mittlerer Stufe erhitzen. Die Auberginenscheiben hineingeben und von beiden Seiten braten, bis sie weich und leicht gebräunt sind. Aus der Pfanne nehmen und beiseite stellen, dabei geben die Scheiben das Öl wieder ab.

3 Einen weiteren Esslöffel Öl in der Pfanne erhitzen. Frühlingszwiebeln und Knoblauch hineingeben und 3 Minuten braten, bis die Frühlingszwiebeln glasig sind. Vom Herd nehmen, beiseite stellen und zusammen mit den Auberginenscheiben abkühlen lassen.

4 Alle Zutaten in eine Küchenmaschine geben und zu einem groben Püree verarbeiten. In eine Servierschüssel umfüllen und die Petersilie unterrühren. Abschmecken und bei Bedarf nachwürzen. Sofort servieren oder abgedeckt in den Kühlschrank stellen. 15 Minuten vor Gebrauch aus dem Kühlschrank holen. Mit Paprika bestreuen und mit Baguettescheiben servieren.

# Katalanischer Stockfisch-Salat



## *Esqueixada*

*In den schicken Restaurants von Barcelona serviert man diesen klassischen Salat mit dünnen Stockfischscheiben und gewürfelten Tomaten. Paprika und Oliven werden zur Garnierung ringsum an den Rand gestreut.* Die folgende, rustikalere Variante würde man dagegen in einem Restaurant auf dem Land finden. Wie bei* ceviche *wird der Fisch nach diesem Rezept durch die Säure von Essig und Zitronensaft „gegart".*

**FÜR 4–6 PERSONEN**

**400 g Stockfisch (eingesalzener, getrockneter Kabeljau) am Stück**

**6 Frühlingszwiebeln, diagonal in dünne Ringe geschnitten**

**6 EL Natives Olivenöl extra**

**1 EL Sherryessig**

**1 EL Zitronensaft**

**frisch gemahlener schwarzer Pfeffer**

**2 große rote Paprika, gegrillt und gehäutet (Seite 74), entkernt und sehr fein gewürfelt**

**12 große schwarze Oliven, entsteint und klein geschnitten**

**2 große, saftige Tomaten, in dünne Scheiben geschnitten, zum Servieren**

**2 EL sehr fein gehackte frische Petersilie, zum Garnieren**

1 Den Stockfisch in eine große Schüssel legen, mit kaltem Wasser bedecken und mindestens 48 Stunden einweichen, dabei gelegentlich das Wasser wechseln.

2 Den Stockfisch mit Küchenpapier trockentupfen, Haut und Gräten entfernen und dann mit den Fingern in kleine Stückchen zerteilen. Zusammen mit Frühlingszwiebeln, Öl, Essig und Zitronensaft in eine große, nichtmetallene Schüssel geben und alles vermengen. Mit dem Pfeffer würzen, abdecken und für 3 Stunden in den Kühlschrank stellen.

3 Paprika und Oliven unterrühren. Abschmecken und gegebenenfalls nachwürzen, dabei den Salzgehalt von Fisch und Oliven berücksichtigen. Die Tomatenscheiben auf einer großen Platte oder mehreren Tellern anrichten und den Salat darauf anrichten. Mit Petersilie bestreuen und servieren.

**Tipp*

Für die ursprüngliche Variante dieses Salats den eingeweichten Stockfisch ca. 30 Minuten ins Gefrierfach legen und dann in dünne Scheiben schneiden. (Versucht man ihn zu schneiden, ohne ihn vorher einzufrieren, zerfallen die Scheiben.)

*Varianten*

Für eine sommerliche Tapa Kirschtomaten halbieren und mit einem Teelöffel entkernen. Mit Meersalz bestreuen und zum Abtropfen 30 Minuten umgekehrt auf Küchenpapier legen. Den Salat in die Tomatenhälften geben und mit Petersilie bestreuen.
Mit dem Stockfisch-Salat kann man auch *pimientos del piquillo* füllen – wie im Rezept auf Seite 67.

# Gebratener Manchego
## *Queso frito*

*Der würzige Geschmack dieses spanischen Schafskäses wird durch das Erhitzen noch intensiver. Am besten wird er unmittelbar nach dem Braten serviert, kann aber auch noch bis zu 30 Minuten später genossen werden. Wartet man jedoch länger, wird er zäh.*

**ERGIBT CA. 16 PORTIONEN**

**200 g Manchego am Stück**

**55 g frische, feine weiße Semmelbrösel**

**1 TL getrockneter Thymian**

**1 großes Ei**

**Olivenöl**

**1 Rezept Romesco-Sauce (Seite 233), zum Servieren (nach Belieben)**

1 Den Käse entrinden und in 16 keilförmige, jeweils 0,5–1 cm dicke Stücke schneiden. Beiseite stellen. Semmelbrösel und Thymian auf einem Teller mischen und das Ei in einen Suppenteller aufschlagen.

2 Die Käsekeile zuerst in das Ei und dann in die Semmelbrösel tauchen, diese auf allen Seiten festklopfen.

3 Öl 0,5 cm hoch in einer gusseisernen Pfanne auf mittlerer Stufe erhitzen, bis ein Brotwürfel vom Vortag darin in 30 Sekunden gebräunt wird. Die Käsekeile hineingeben und von jeder Seite ca. 30 Sekunden braten, bis sie goldbraun und knusprig sind. Nötigenfalls portionsweise arbeiten, damit in der Pfanne genügend Platz bleibt.

4 Die fertig gebratenen Stücke herausnehmen und auf Küchenpapier abtropfen lassen. Etwas abkühlen lassen und dann nach Belieben mit einer Schale Romesco-Sauce als Dip servieren.

*In der Dämmerung erhebt sich die Silhouette einer gewaltigen Säule in den Himmel.*

# Salate auf Brot



## *Montaditos*

*In jeder nordspanischen Tapas-Bar stößt man in der Mittagszeit auf Teller mit Brotschnitten, die mit einer dicken Schicht Salat auf Mayonnaisebasis bestrichen sind. Eine beliebte, schnell zubereitete Mischung dafür ist* Ensaladilla Rusa *(Russischer Salat) – gewürfelte Kartoffeln, Bohnen, Karotten und Erbsen –, die in spanischen Supermärkten auch im Glas erhältlich ist.*

*Die beiden folgenden Salate eignen sich auch als Füllung für* pimientos del piquillo *(Seite 67).*

JEDE SALATSORTE ERGIBT 12–14 BELEGTE BROTE

*Kartoffelsalat*

**200 g junge Kartoffeln, geputzt und gekocht**

**1/2 EL Weißweinessig**

**Salz und Pfeffer**

**3–4 EL Mayonnaise oder Knoblauchmayonnaise (Seite 232)**

**2 hart gekochte Eier, geschält und fein gehackt**

**2 Frühlingszwiebeln, weiße und grüne Teile fein gehackt**

**12–14 schwarze Oliven, entsteint und klein geschnitten, zum Garnieren**

*Thunfischsalat*

**200 g Thunfisch in Olivenöl aus der Dose, abgetropft**

**4 EL Mayonnaise oder Knoblauchmayonnaise (Seite 232)**

**2 hart gekochte Eier, geschält und fein gehackt**

**1 Tomate, gegrillt, gehäutet, entkernt (Tipp Seite 63) und sehr fein gehackt**

**2 TL geriebene Zitronenschale, oder nach Geschmack**

**Cayenne-Pfeffer, nach Geschmack**

**Salz und Pfeffer**

**12–14 in Öl eingelegte Sardellenfilets, abgetropft**

**24–28 Scheiben eines langen Baguettes, leicht diagonal und ca. 5 mm dick geschnitten**

1 Für den Kartoffelsalat die Kartoffeln pellen, sobald sie kalt genug zum Anfassen sind, und in 5 mm große Würfel schneiden. Im Essig schwenken und mit Salz und Pfeffer abschmecken. Beiseite stellen und ganz abkühlen lassen. Die Mayonnaise unterrühren, dann die gehackten Eier und die Frühlingszwiebeln unterheben. Abschmecken, großzügig auf die Brotscheiben verteilen und jede Scheibe mit einem Stück Olive garnieren.

2 Für den Thunfischsalat den abgetropften Thunfisch fein zerteilen und in eine Schüssel geben. Mit der Mayonnaise mischen, dann hart gekochte Eier, Tomate, Zitronenschale und Cayenne-Pfeffer unterheben. Abschmecken und gegebenenfalls nachwürzen. Großzügig auf die Brotscheiben verteilen und jede Scheibe mit einem Sardellenfilet garnieren.

# Maurischer Zucchini-Salat



## *Ensalada de calabacines a la morisco*

*Seit die Mauren zwischen 711 und 1492 auf der Iberischen Halbinsel herrschten, werden in spanischen Kochrezepten geröstete Pinienkerne und fleischige Rosinen kombiniert.*

*Dieser vielseitig verwendbare, gekühlte Salat kann als Tapa auf Brotscheiben serviert werden, als erster Gang auf Kopfsalatblättern gereicht werden oder bei einem sommerlichen Buffet als Beilage zum Brathähnchen dienen. Bereiten Sie ihn mindestens 4 Stunden im Voraus zu, damit sich die Aromen verbinden können.*

**FÜR 4–6 PERSONEN**

**4 EL Olivenöl**

**1 große Knoblauchzehe, zerdrückt**

**500 g kleine Zucchini, in dünne Scheiben geschnitten***

**55 g Pinienkerne**

**55 g Rosinen**

**3 EL Minzeblätter, fein gehackt (kein Pfefferminz oder grüne Minze)**

**2 EL Zitronensaft, oder nach Geschmack**

**Salz und Pfeffer**

1 Das Öl in einer großen Pfanne auf mittlerer Stufe erhitzen. Den Knoblauch hineingeben und goldbraun braten, damit das Öl sein Aroma aufnimmt, dann herausnehmen und wegwerfen. Die Zucchinischeiben zugeben und unter Rühren braten, bis sie gerade weich sind. Sofort aus der Pfanne nehmen und in eine große Servierschüssel umfüllen.

2 Pinienkerne, Rosinen, Minze, Zitronensaft sowie Salz und Pfeffer nach Geschmack zugeben und verrühren. Abschmecken und bei Bedarf mehr Öl, Zitronensaft oder Gewürz zugeben.

3 Beiseite stellen und vollständig abkühlen lassen, dann abdecken und für mindestens $3\frac{1}{2}$ Stunden in den Kühlschrank stellen. 10 Minuten vor dem Servieren aus dem Kühlschrank nehmen.

**Tipp*

Für diesen Salat verwendet man am besten junge, zarte Zucchini, die maximal 2,5 cm dick sind. Bei Verwendung älterer, dickerer Zucchini diese zunächst längs halbieren oder vierteln und dann in dünne Scheiben schneiden.

*Variation*

Einen herzhafteren Geschmack erhält man durch Zugabe von 4 abgetropften, gehackten Sardellenfilets (in Öl eingelegte Dosenware) in Schritt 2.

# Feigen mit Blauschimmelkäse

## *Higos con queso picós*

*Eine köstliche Verbindung von süß und herzhaft – und ein schicker erster Gang für das Abendessen. Der bekannteste spanische Blauschimmelkäse ist zwar* Cabrales, Picós *ist jedoch milder und eignet sich daher gut für dieses Rezept. Er wird aus Schafsmilch hergestellt, kann aber auch drei Milchsorten enthalten und wird traditionell in Weinblätter eingewickelt.*

*Tischchen auf dem Bürgersteig für das gemütliche Mittagessen – ein Blickfang in allen spanischen Städten.*

**FÜR 6 PERSONEN**

**Karamellisierte Mandeln***

**100 g feiner Zucker**

**115 g ganze Mandeln, blanchiert oder unblanchiert**

**12 reife Feigen**

**350 g spanischer Blauschimmelkäse, z. B. Picós, zerkrümelt**

**Natives Olivenöl extra**

1 Zunächst die karamellisierten Mandeln zubereiten: Den Zucker in einem Topf auf mittlerer Stufe erhitzen und rühren, bis er schmilzt, goldbraun wird und Bläschen bildet. Vom Herd nehmen, die Mandeln einzeln hineingeben und rasch mit einer Gabel wenden, bis sie überzogen sind. Falls der Karamell hart wird, den Topf wieder auf den Herd stellen. Jede karamellisierte Mandel sofort auf ein dünn mit Butter bestrichenes Backblech legen. Abkühlen und aushärten lassen.

2 Zum Servieren die Feigen halbieren und auf jedem Teller 4 Hälften anordnen. Die Mandeln grob von Hand hacken. Ein Häufchen Blauschimmelkäse auf jeden Teller geben und mit den gehackten Mandeln bestreuen. Die Feigen leicht mit dem Öl beträufeln.

*Variation*

Walnusshälften können ebenfalls karamellisiert und für dieses Rezept verwendet werden.

**Tipp*

Die Mandeln vor Gebrauch in einem luftdichten Behälter nicht länger als drei Tage lagern, sonst werden sie weich.

# Gazpacho
## *Gazpacho*

*Eine klassische kalte Suppe, die an einem heißen Sommertag so wie Fruchtsaft erfrischt.*

**FÜR 4–6 PERSONEN**

**500 g große saftige Tomaten, gehäutet, entkernt (Seite 63) und gehackt**

**3 große, reife rote Paprika, entkernt und gehackt**

**2 EL Sherryessig**

**4 EL Olivenöl**

**1 Prise Zucker**

**Salz und Pfeffer**

*Zum Servieren*

**Eiswürfel**

**rote Paprika, fein gewürfelt**

**grüne Paprika, fein gewürfelt**

**gelbe Paprika, fein gewürfelt**

**Salatgurke, entkernt und fein gewürfelt**

**Eier, hart gekocht und fein gehackt**

**Croûtons, in Olivenöl mit Knoblaucharoma gebraten**

1 Tomaten, rote Paprika, 2 Esslöffel Sherryessig, Öl und Zucker in der Küchenmaschine gut mischen und nach Wunsch grob oder fein verarbeiten. Abdecken und vor dem Servieren für mindestens 4 Stunden in den Kühlschrank stellen. Abschmecken und bei Bedarf noch Essig zugeben.*

2 Die Suppe zum Servieren in Schüsseln geben und jeweils 1–2 Eiswürfel hineingeben. Ausgewählte Garnierungen in Schüsselchen bereitstellen, damit sich jeder selbst bedienen kann.

**Tipp*

Die Kälte mindert das Aroma, daher benötigt man mehr Gewürz als für eine warme Suppe. Schmecken Sie die Suppe nach dem Kühlen ab.

*Die spanische Mittagssonne lässt das Leben vielerorts langsamer laufen und macht Lust auf erfrischende Speisen.*

# Grilltomatensuppe

## *Sopa de tomates asados*

*In Andalusien und auf den Kanarischen Inseln wird ein Großteil der Tomaten angebaut, die in Europa das ganze Jahr über verzehrt werden. Doch auch die scheinbar endlosen Folientunnel jener sonnigen Regionen bringen manchmal blasse und fade Exemplare hervor, die dann von dem hier verwendeten Tomatenpüree und Sherry geschmacklich profitieren. Diese hocharomatische Suppe wird am besten heiß serviert, schmeckt aber auch gut gekühlt. (Sie unterscheidet sich in Konsistenz und Geschmack allerdings sehr von der nicht gekochten* Gazpacho *auf Seite 99.)*

**FÜR 4–6 PERSONEN**

**900 g große, saftige Tomaten, halbiert**

**2 EL Butter**

**1 EL Olivenöl**

**1 große Zwiebel, in Ringe geschnitten**

**2–3 EL Tomatenpüree (je nachdem, wie aromatisch die Tomaten sind)**

**900 ml Gemüsebrühe**

**2 EL Amontillado-Sherry**

**1/2 TL Zucker**

**Salz und Pfeffer**

**knuspriges Brot, zum Servieren**

1 Den Grill vorheizen. Die Tomaten mit der Schnittfläche nach oben auf ein Backblech legen und in etwa 10 cm Abstand von der Hitzequelle 5 Minuten grillen, bis die Ränder leicht angekohlt sind.

2 Inzwischen die Butter mit dem Öl in einem großen Topf oder einer feuerfesten Kasserolle auf mittlerer Stufe zerlassen. Die Zwiebel zugeben und unter gelegentlichem Rühren 5 Minuten braten. Das Tomatenpüree unterrühren und ca. weitere 2 Minuten braten.

3 Tomaten, Brühe, Sherry, Zucker sowie Salz und Pfeffer nach Geschmack in den Topf geben und umrühren. Aufkochen, dann die Hitze reduzieren und abgedeckt ca. 20 Minuten köcheln lassen, bis die Tomaten zu einem Brei eingekocht sind.

4 Die Suppe in einer Küchenmaschine oder einem Mixer pürieren und durch ein feines Sieb in eine große Schüssel seihen. Zurück in den ausgespülten Topf geben und ohne Deckel wieder erhitzen. 10 Minuten köcheln lassen, bis die gewünschte Konsistenz erreicht ist. In einzelne Schälchen geben und mit viel Brot servieren.*

**Tipp*

Wird die Suppe kalt serviert, 1 Esslöffel saure Sahne in jede Schale rühren und mit Petersilie bestreuen.

# Kalte Knoblauchsuppe
## *Ajo blanco*

**FÜR 4–6 PERSONEN**

**500 g weißes Landbrot vom Vortag, zerkleinert und Krusten entfernt**

**5 große Knoblauchzehen, halbiert**

**125 ml Natives Olivenöl extra, plus ein wenig zum Garnieren**

**4–5 EL Sherryessig, nach Geschmack**

**300 g Mandeln, gemahlen**

**1,2 l Wasser, gekühlt**

**Salz und weißer Pfeffer**

**kernlose helle Trauben, zum Garnieren**

*Die alte spanische Architektur trägt die Zeichen der maurischen Vergangenheit stolz zur Schau.*

1 Das Brot in einer Schüssel mit kaltem Wasser knapp bedecken und 15 Minuten einweichen lassen. Trockenpressen und in die Küchenmaschine geben.

2 Knoblauch, Öl, 4 Esslöffel Sherryessig und geriebene Mandeln sowie 250 ml Wasser in die Küchenmaschine zugeben und gut durchmixen.

3 Bei laufendem Motor das restliche Wasser langsam zugießen, bis sich eine glatte Suppe bildet. Abschmecken und nötigenfalls noch Sherryessig zugeben. Mindestens 4 Stunden abgedeckt in den Kühlschrank stellen.

4 Zum Servieren gut durchrühren und, falls nötig, nachwürzen. Die Suppe in Schälchen geben und einige Trauben mit einem Schuss Öl darauf treiben lassen.

# Gefüllte Paprika



## *Pimientos rellenos*

*Dieses Gemüsegericht ist universell verwendbar – sowohl als Tapa, erster Gang oder leichtes Mittagessen mit einem Tomatensalat wie auch als exquisite Beilage zu gebratenem Geflügel oder Fleisch.*

**ERGIBT 6 PORTIONEN**

**6 EL Olivenöl, plus etwas mehr zum Einreiben der Paprika**

**2 Zwiebeln, fein gehackt**

**2 Knoblauchzehen, zerdrückt**

**140 g spanischer Rundkornreis**

**55 g Rosinen**

**55 g Pinienkerne**

**40 g fein gehackte frische Petersilie**

**Salz und Pfeffer**

**1 EL Tomatenpüree, in 700 ml heißem Wasser aufgelöst**

**4–6 rote, grüne oder gelbe Paprika (bzw. eine Farbmischung) oder 6 lange Schoten der mediterranen Sorte**

1 Das Öl in einem flachen, gusseisernen Topf erhitzen. Die Zwiebeln hineingeben und ca. 3 Minuten anbraten. Den Knoblauch zugeben und weitere 2 Minuten braten, bis die Zwiebeln glasig sind, nicht bräunen.

2 Reis, Rosinen und Pinienkerne unterrühren, bis alles mit Öl überzogen ist, dann die Hälfte der Petersilie zugeben und alles mit Salz und Pfeffer abschmecken. Das aufgelöste Tomatenpüree unterrühren und aufkochen. Die Temperatur reduzieren und ohne Deckel unter häufigem Schwenken des Topfes 20 Minuten köcheln lassen, bis der Reis gar ist und sich kleine Löcher an der Oberfläche bilden. Gut auf die Rosinen achten, da sie leicht anbrennen. Die restliche Petersilie unterrühren, dann beiseite stellen und etwas abkühlen lassen.

3 Während der Reis köchelt, die Stielansätze der Paprika abschneiden und aufbewahren, jeweils Kerngehäuse und Kerne entfernen.*

4 Die Füllung gleichmäßig auf die Paprika verteilen. Die Stielansätze mit Hilfe hölzerner Partysticks wieder befestigen. Die Paprika leicht mit Öl einreiben und in einer Schicht auf einem Backblech anordnen. Im vorgeheizten Ofen bei 200 °C 30 Minuten backen, bis die Paprika weich sind. Heiß servieren oder auf Zimmertemperatur abkühlen lassen.

**Tipp*

Bei Verwendung der spitzen, mediterranen Paprikasorte erleichtern ein Kugelausstecher, ein Teelöffel oder ein kleines Küchenmesser das Entfernen der Kerne.

# Rührei baskische Art

## *Piperrada*

**FÜR 4–6 PERSONEN**

**Olivenöl**

**1 große Zwiebel, fein gehackt**

**1 große rote Paprika, entkernt und gehackt**

**1 große grüne Paprika, entkernt und gehackt**

**2 große Tomaten, gehäutet, entkernt (Seite 63) und gehackt**

**55 g Chorizo-Wurst, in dünne Scheiben geschnitten, Haut nach Wunsch entfernt**

**35 g Butter**

**10 große Eier, leicht verquirlt**

**Salz und Pfeffer**

**4–6 dicke Scheiben Landbrot, getoastet, zum Servieren**

1 2 Esslöffel Öl in einer großen, gusseisernen Pfanne auf mittlerer Stufe erhitzen. Zwiebel und Paprika zugeben und ca. 5 Minuten garen, bis das Gemüse weich, aber nicht gebräunt ist. Tomaten zugeben und erhitzen. Alles auf einen Teller geben und im Ofen auf niedriger Stufe warm halten.

2 Noch 1 Esslöffel Öl in die Pfanne geben. Die Chorizo-Wurst hineingeben und 30 Sekunden erhitzen, um das Öl zu aromatisieren. Dann die Wurst zu dem beiseite gestellten Gemüse geben.

3 In der Pfanne sollten ca. 2 Esslöffel Öl sein, nötigenfalls etwas zugeben. Butter hineingeben und zerlassen. Eier mit Salz und Pfeffer abschmecken, dann in der Pfanne braten, bis sie die gewünschte Festigkeit haben. Das Gemüse mit der Wurst zurück in die Pfanne geben und unterrühren. Sofort mit dem Brot servieren.

*Auch in einer Stadtwohnung mit Balkon lässt sich die Abendstimmung genießen.*

# Orangen-Fenchel-Salat



*Ensalada de naranjas y hinojo*

**FÜR 4 PERSONEN**

**4 große, saftige unbehandelte Orangen**

**1 große Fenchelknolle, in sehr dünne Scheiben geschnitten**

**1 milde weiße Zwiebel, in dünne Ringe geschnitten**

**2 EL Natives Olivenöl extra**

**12 schwarze Oliven, entsteint und in Ringe geschnitten**

**1 rote Chilischote, entkernt und in feine Ringe geschnitten**

**fein gehackte frische Petersilie**

**Baguette, zum Servieren**

1 Die Schale der Orangen fein in eine Schüssel reiben, beiseite stellen. Mit einem kleinen Sägemesser die weiße Schicht von den Orangen vollständig entfernen, dabei in einer Schüssel den Saft auffangen. Die Orangen waagerecht in dünne Scheiben schneiden.

2 Orangen- und Fenchelscheiben mit den Zwiebelringen vermengen. Das Öl in den Orangensaft rühren und die Mischung über die Orangen träufeln. Die Olivenstückchen darüber streuen, die Chili – falls gewünscht – zugeben und dann alles mit Orangenschale und Petersilie bestreuen. Dazu Baguettescheiben servieren.

*Variationen*

- Für eine gehaltvollere Mahlzeit Stockfisch (eingesalzenen Kabeljau) einweichen, garen und zugeben (Seite 56).
- Granatrote Blutorangen erzielen einen hinreißenden optischen Effekt.
- Saftige dunkle Trauben sind eine interessante Alternative zu den Oliven.

*Die Plaza de Catalunya in Barcelona ist einer der ruhigeren Orte in dieser pulsierenden Stadt.*

# Chorizo und Wachteleier

## *Chorizo y huevos de codorniz*

1 Den Grill vorheizen. Die Brotscheiben auf einem Backblech anordnen und auf beiden Seiten goldbraun grillen.

2 Die Chorizo-Scheiben durchschneiden oder falten, sodass sie auf die Toasts passen. Beiseite stellen.

3 Eine dünne Ölschicht in einer großen Pfanne auf mittlerer Stufe erhitzen, bis ein Brotwürfel vom Vortag darin in 30 Sekunden gebräunt wird. Die Eier in die Pfanne schlagen* und braten, dabei das Fett über das Eigelb träufeln, bis das Eiweiß gestockt ist und das Eigelb so gar ist wie gewünscht.

4 Die gebratenen Eier aus der Pfanne nehmen und auf Küchenpapier abtropfen lassen. Auf die Chorizo-Toasts geben und mit Paprika bestäuben. Nach Geschmack mit Salz und Pfeffer bestreuen und sofort servieren.

**Tipp*

Wachteleier sind trotz ihres empfindlichen Aussehens manchmal schwer aufzuschlagen, da die Membran unter der Schale recht dick ist. Es ist daher nützlich, eine Schere griffbereit zu haben, um die Membran zu durchtrennen, wenn man die Eier in die Pfanne schlägt.

*Dieses Rezept hat keinerlei Tradition. Es ist ein Beispiel für eine neue Art von Tapas, wie sie in den eleganten Cocktail-Lounges der Hotels in Barcelona und Madrid serviert werden – als ideale Begleiter zum kühlen Glas Cava.*

**ERGIBT 12 PORTIONEN**

**12 Scheiben Baguette, ca. 5 mm dick und diagonal geschnitten**

**40 g Chorizo-Wurst, die Haut entfernt, in 12 dünne Scheiben geschnitten**

**Olivenöl**

**12 Wachteleier**

**mildes Paprikapulver**

**Salz und Pfeffer**

# HAUPTGERICHTE

## Wem kommen beim Gedanken an Spanien nicht auch Bilder der herrlichen Meeresfrüchte in den Sinn, die das Mittelmeer und die anderen Küstengewässer des Landes liefern? Und doch essen die Spanier auch gern Fleisch. Daher gibt es eine Vielfalt an Hauptgerichten, die in Spanien allerdings eher schlicht und – anders als in Frankreich – ohne schwere Saucen serviert werden.

Spanische Köche servieren Gemüse in der Regel als wesentlichen Bestandteil des Hauptgangs oder als eigenen Gang – etwa in Gerichten wie Hühnerschenkel mit Dicken Bohnen und Pilzen (Seite 126), Kalbfleisch mit Gemüse-Escabeche (Seite 139), Knoblauch-Rosmarin-Lamm mit Kartoffeln (Seite 143) und Kabeljau mit Spinat (Seite 169).

Paella (Seite 121), das Safran-Reisgericht aus Valencia, ist bei Spaniern wie Touristen beliebt. In diesem Buch werden dafür Hühnerfleisch und Meeresfrüchte verwendet, aber das Rezept kann variiert werden – je nachdem, welche Zutaten vorhanden sind. Wie gut Reis und Meeresfrüchte zusammenpassen, schmeckt man beim schwarzen Reis (Seite 122), mit der Farbe und dem Aroma schwarzer Tintenfischtinte.

Eine Spezialität mediterraner Restaurants ist es, praktisch alles zu frittieren, was am Vortag noch im Wasser lebte. Frittierte Meeresfrüchte (Seite 159) sind ein leckeres Beispiel, das sich daheim gut nachkochen lässt.

Doch in Spanien ist es nicht überall ständig sonnig und heiß: Schweineschulter mit Paprika (Seite 140) oder Lammeintopf mit Kichererbsen (Seite 144) sind Beispiele für herzhafte und schmackhafte Eintöpfe für kalte Wintertage.

Das Gericht Wachteln mit Trauben (Seite 135) zeugt von der Leidenschaft der Spanier für die Wildjagd – mit seiner gehaltvollen Süße bildet es einen schönen Hauptgang bei einem festlichen Abendessen.

Als schnelle, einfache Familiengerichte unter der Woche eignen sich Fleischklöße mit Erbsen (Seite 136), Reis mit Chorizo und Garnelen (Seite 125) und Merguez mit Linsen (Seite 147).

Die spanische Küche nimmt kaum Rücksicht auf Vegetarier. Glücklicherweise finden sich jedoch auf jeder Speisekarte Eiergerichte. Für Vegetarier geeignet und zugleich schmackhaft sind etwa die Eier auf Gemüse (Seite 177); hier kann man die Chorizo einfach weglassen. Frische Salate sind Vegetariern natürlich immer willkommen, und der Paprikasalat (Seite 178) aus Murcia bildet mit knusprigem Landbrot dazu einen sättigenden Hauptgang; auch hier kann problemlos auf die Sardellenfilets verzichtet werden. Mauren und Christen (Seite 182) sind – ohne Serrano-Schinken – ebenfalls eine sättigende vegetarische Mahlzeit. Wenngleich spanische Gärten den Rest Europas saisonunabhängig mit Gemüse versorgen, werden die saisonalen Produkte sehr geschätzt. Salate sind in Spanien von überbordendem Farben- und Aromenreichtum. Bei den hohen Temperaturen in den Sommermonaten sind Salate und Grillgerichte besonders beliebt.

*In Spanien schätzt man die Produkte der Saison wie die farbenfrohen und aromatischen Salate.*

Zu den meisten Hauptgerichten gibt es eine Flasche Wein, wobei die Spanier weniger die „Regeln" (Weißwein zu Meeresfrüchten/Rotwein zum Fleisch) befolgen als die Franzosen. Man trinkt eher irgendeinen Wein aus der Gegend, der eine natürliche Affinität zu den regionalen Gerichten hat. Im Baskenland und in anderen Gegenden am Golf von Biskaya ist allerdings ein Glas des heimischen Cidre das Getränk der Wahl.

Seite 118/119: *Der königliche Palast von Madrid erhebt sich imposant in den Himmel.*

# Paella
## *Paella*

*Anders als beim Risotto sollte der Reis bei einer Paella nicht mit Sauce durchtränkt sein. Umrühren stört den Reis beim Garen. Während die Flüssigkeit absorbiert wird, verhindern eine langsame Reduzierung der Hitze und kurzes Rütteln, dass der Reis klebrig wird.*

**FÜR 6–8 PERSONEN**
**2 Msp. Safranfäden**
**400 g spanischer Rundkornreis**
**16 frische Miesmuscheln**
**6 EL Olivenöl**
**6–8 Hähnchenschenkel mit Haut und Knochen, überschüssiges Fett entfernt**
**140 g Chorizo-Wurst, in 5 mm dicke Scheiben geschnitten, Haut entfernt**
**2 große Zwiebeln, gehackt**
**4 große Knoblauchzehen, zerdrückt**
**1 TL spanisches Paprikapulver, nach Geschmack**
**100 g grüne Bohnen, gehackt**
**100 g Erbsen, Tiefkühlware**
**1,2 l Fisch-, Hühner- oder Gemüsebrühe**
**Salz und Pfeffer**
**16 rohe Garnelen, ausgelöst (Seite 64)**
**2 süße rote Paprika, gegrillt, gehäutet (Seite 74) und in Streifen geschnitten**
**35 g fein gehackte frische Petersilie**

1 Die Safranfäden in eine kleine Schüssel geben. 4 Esslöffel heißes Wasser zugeben und beiseite stellen. Den Reis in einem Sieb unter fließend kaltem Wasser abspülen, bis das Wasser klar bleibt. Die Muscheln putzen und entbarten. Offene Muscheln, die sich beim Antippen nicht schließen, und solche mit kaputten Schalen wegwerfen.

2 3 Esslöffel Öl in einer Paella-Pfanne mit 30 cm Durchmesser oder einer feuerfesten Kasserolle auf mittlerer Stufe erhitzen. Die Hähnchenschenkel mit der Haut nach unten hineinlegen und 5 Minuten braten, bis sie goldbraun und knusprig sind. In eine Schüssel geben.

3 Die Chorizo in die Paella-Pfanne geben und ca. 1 Minute braten, bis sie beginnt, knusprig zu werden. Zum Hähnchenfleisch in die Schüssel geben.

4 3 Esslöffel Öl in der Paella-Pfanne erhitzen. Die Zwiebeln hineingeben und 2 Minuten braten, dann Knoblauch und Paprika zugeben und weitere 3 Minuten braten, bis die Zwiebeln glasig sind, nicht bräunen.

5 Reis, Bohnen und Erbsen in die Paella-Pfanne geben und umrühren, bis alles mit Öl überzogen ist. Hähnchenschenkel, Chorizo und eventuell aufgefangenen Saft aus der Schüssel zugeben. Brühe, Safranflüssigkeit sowie Salz und Pfeffer zugeben und unter Rühren aufkochen.

6 Die Hitze reduzieren und auf niedriger Stufe ohne Rühren 15 Minuten* köcheln lassen, bis der Reis fast gar und die Flüssigkeit größtenteils absorbiert ist.

7 Muscheln, Garnelen und Paprikastreifen auf der Oberfläche verteilen, abdecken und ohne Rühren weitere 5 Minuten köcheln lassen, bis sich die Garnelen rosa färben und die Muscheln sich öffnen.

8 Alle nicht geöffneten Muscheln wegwerfen. Das Gericht abschmecken und nötigenfalls nachwürzen. Mit der Petersilie bestreuen und sofort servieren.

**Tipp*

Heizen Sie den Ofen auf 190 °C vor, während die Paella köchelt. Die Hitzeentwicklung von Kochplatten ist unterschiedlich, weshalb schwer zu sagen ist, wie lange es dauert, bis die Flüssigkeit absorbiert ist. Wenn noch zu viel Flüssigkeit an der Oberfläche ist, das Gericht in den Ofen stellen und abgedeckt ca. 10 Minuten backen.

# Schwarzer Reis
## *Arroz negro*

**FÜR 4–6 PERSONEN**

**400 g spanischer Rundkornreis**

**6 EL Olivenöl**

**1 große Zwiebel, in feine Ringe geschnitten**

**2 große Knoblauchzehen, zerdrückt**

**2 Tomaten, gegrillt, gehäutet, entkernt (Seite 63) und fein gehackt**

**1 vorbereiteter Tintenfischkörper, in 5 mm dicke Ringe geschnitten**

**1 l Fischfond**

**Tintenbeutel des Tintenfischs oder 1 Beutelchen Tintenfischtinte**

**Salz und Pfeffer**

**12 große rohe Garnelen, ausgelöst (Seite 64)**

**Tintenfischtentakel**

**2 rote Paprika, gegrillt, gehäutet (Seite 74), entkernt und in Streifen geschnitten**

**1 Rezept Knoblauchmayonnaise (Seite 232), zum Servieren**

1 Den Reis in ein Sieb geben und unter fließend kaltem Wasser abspülen, bis das Wasser klar bleibt. Beiseite stellen.

2 Das Öl in einer großen, flachen Kasserolle oder einer Pfanne auf mittlerer Stufe erhitzen. Die Zwiebel hineingeben und 3 Minuten braten, dann den Knoblauch zugeben und weitere 2 Minuten braten, bis die Zwiebel glasig ist, nicht bräunen.

3 Die Tomaten zugeben und köcheln lassen, bis sie sehr weich sind. Die Tintenfischringe zugeben und rasch durchbraten, bis sie fest werden.

*Am einfachsten gelingt dieses Rezept, wenn man geputzte Tintenfische kauft. Falls Sie einen ganzen Tintenfisch nehmen, befindet sich der blaugraue Sack mit der Tinte, die dem Gericht seine typische grauschwarze Färbung verleiht, unter den Tentakeln. Gehen Sie vorsichtig damit um, damit er nicht aufplatzt.* Verwenden Sie keinen Brühwürfel, sondern Fischfond.*

4 Den Reis zugeben und umrühren, bis er mit Öl überzogen ist. Brühe, Tintenfischtinte sowie Salz und Pfeffer nach Geschmack zugeben und aufkochen. Die Hitze reduzieren und 15 Minuten ohne Deckel und ohne zu rühren köcheln lassen. Dabei aber häufiger an der Pfanne rütteln, bis der größte Teil der Brühe absorbiert ist und sich kleine Löcher an der Oberfläche bilden.

5 Garnelen, Tintenfischtentakel (falls gewünscht) und Paprika vorsichtig unterrühren. Die Pfanne abdecken und weitere 5 Minuten köcheln lassen, bis sich die Garnelen rosa färben und die Tentakel opak werden und sich zusammenziehen.

6 Abschmecken und nötigenfalls nachwürzen. Mit einem Klecks Knoblauchmayonnaise auf jedem Teller servieren.

**Tipp*

Vorbereiten eines Tintenfischs: Die Tentakel knapp unter den Augen abschneiden. Die Kauwerkzeuge wegwerfen, die Tentakel jedoch aufbewahren. Den Körper in der einen Hand halten und mit der anderen den Kopf entfernen; mit ihm die Innereien herausziehen. Den Tintensack entfernen und aufbewahren, den Rest der Innereien wegwerfen. Den Schulp aus dem Mantel ziehen. Die Außenhaut abreiben. Die Flossen abschneiden und wegwerfen. Den Tintenfischkörper unter fließend kaltem Wasser abspülen und trockentupfen.

# Reis mit Chorizo und Garnelen



## *Arroz con chorizo y gambas*

*Wie überall auf der Welt hat sich auch in Spanien die Supermarktkost durchgesetzt: Eine schier endlose Vielfalt an konservierten oder bereits vorbereiteten Zutaten haben die Kochkultur wesentlich verändert. Ein Beispiel für die veränderten Kochgewohnheiten ist die Verwendung von schnell kochendem Langkornreis. Verwenden Sie für dieses einfache, alltägliche Mittagsgericht irgendeinen Schnellkochreis.*

**FÜR 4 PERSONEN**

**2 EL Olivenöl**

**1 große Zwiebel, gehackt**

**1 rote Paprika, entkernt und gehackt**

**1 grüne Paprika, entkernt und gehackt**

**2 große Knoblauchzehen, zerdrückt**

**1 große Tomate, gehackt**

**200 g Schnellkochreis**

**Salz und Pfeffer**

**200 g Chorizo-Wurst, in 5 mm dicke Scheiben geschnitten, Haut entfernt**

**450 ml Gemüse-, Fisch- oder Hühnerbrühe**

**450 g große, rohe Garnelen, ausgelöst (Seite 64)**

**2 EL fein gehackte frische Petersilie, zum Garnieren**

1 Das Öl in einer großen, abdeckbaren Pfanne auf mittlerer Stufe erhitzen. Zwiebel und Paprika zugeben und 2 Minuten braten. Den Knoblauch zugeben und unter gelegentlichem Rühren weitere 3 Minuten braten, bis Zwiebel und Paprika weich, aber nicht gebräunt sind.

2 Tomate, Reis sowie Salz und Pfeffer nach Geschmack zugeben und 2 Minuten garen.

3 Erst die Chorizo, dann die Brühe unterrühren und aufkochen. Die Hitze reduzieren, abdecken und alles auf schwacher Stufe ca. 15 Minuten köcheln lassen, bis der Reis weich, aber noch feucht ist.

4 Die Garnelen unterrühren, abdecken und etwa 5 Minuten garen, bis sie sich rosa färben und die Flüssigkeit absorbiert ist. Sollte der Reis noch zu feucht sein, weitere 2 Minuten ohne Deckel köcheln lassen. Abschmecken und, falls nötig, nachwürzen. Mit Petersilie bestreuen und servieren.

# Hähnchenschenkel mit dicken Bohnen und Pilzen

## *Muslos de pollo con habas y champiñones*

*Viele Leute schreckt bei Dicken Bohnen allein schon der Gedanke an ihre harten grauen Schalen ab. Wenn die Bohnen nicht mehr jung und klein sind, blanchiert man sie am besten vor dem Kochen.*

**FÜR 4 PERSONEN**

**300 g dicke Bohnen, die Schalen entfernt**
**Olivenöl**
**8 Hähnchenschenkel mit Haut und Knochen, überschüssiges Fett entfernt**
**1 große Zwiebel, in dünne Ringe geschnitten**
**1 große Knoblauchzehe, zerdrückt**
**500 g Maronenröhrlinge, geputzt und in dünne Scheiben geschnitten**
**Salz und Pfeffer**
**500 ml Hühnerbrühe**
**fein gehackte frische Petersilie, zum Garnieren**
**Bratkartoffeln (Seite 247), zum Servieren**

1 Zum Blanchieren der Bohnen einen großen Topf Salzwasser aufkochen. Die Bohnen hineingeben und 5–10 Minuten kochen lassen, bis sie bissfest sind. Abtropfen lassen und in eine Schüssel mit kaltem Wasser geben, damit sie nicht weiter garen. Die Außenhaut entfernen und beiseite stellen.

2 2 Esslöffel Öl in einer großen, abdeckbaren Pfanne oder einer feuerfesten Kasserolle auf mittlerer Stufe erhitzen. 4 Hähnchenschenkel mit der Haut nach unten hineingeben und 5 Minuten braten, bis die Haut knusprig und goldbraun ist. Aus der Pfanne nehmen und warm halten, während die restlichen Schenkel gebraten werden. Gegebenenfalls vorher noch etwas Öl zugeben.

3 Das Fett in der Pfanne bis auf 2 Esslöffel abgießen. Die Zwiebel hineingeben und 3 Minuten braten, dann den Knoblauch zugeben und weitere 5 Minuten braten, bis die Zwiebel goldbraun ist. Die Pilze sowie Salz und Pfeffer nach Geschmack unterrühren und weitere 2 Minuten braten, bis die Pilze das gesamte Fett absorbiert haben und zu schwitzen beginnen.

4 Die Hähnchenschenkel mit der Haut nach oben zurück in die Pfanne geben. Die Hühnerbrühe zugießen und aufkochen. Die Hitze reduzieren und alles auf schwacher Stufe abgedeckt 15 Minuten köcheln lassen.

5 Die Bohnen zugeben und weitere 5 Minuten köcheln lassen, bis sie weich* sind und aus den Hähnchenschenkeln beim Anstechen klarer Saft austritt. Abschmecken und eventuell nachwürzen. Mit Petersilie bestreuen und mit Bratkartoffeln als Beilage servieren.

**Tipp*

Nicht blanchierte dicke Bohnen benötigen – je nach Alter – bis zu 20 Minuten zum Garen. Tiefkühlware kann in Schritt 5 direkt aus der Gefriertruhe zugegeben werden und ist dann nach 5 Minuten Köcheln weich.

# Knoblauchhähnchen



## *Pollo ajo*

*In allen spanischen ländlichen Restaurants findet man Varianten dieses einfachen Gerichts. Da der Knoblauch dabei ganz langsam und vorsichtig gegart wird, verliert er seine Schärfe und wird butterweich – zerdrücken Sie ihn auf dem Tellerrand, um ihn dann auf den Hähnchenteilen zu verstreichen. Servieren Sie dazu Bratkartoffeln (Seite 247).*

**FÜR 4–6 PERSONEN**

**4 EL Mehl**

**scharfes oder süßes spanisches Paprikapulver, nach Geschmack**

**Salz und Pfeffer**

**1 großes Hähnchen, ca. 1,75 kg, in 8 Stücke zerteilt, abgespült und trockengetupft**

**4–6 EL Olivenöl**

**24 große Knoblauchzehen, geschält und halbiert**

**450 ml Hühnerbrühe, vorzugsweise selbst gemacht**

**4 EL trockener Weißwein, z. B. weißer Rioja**

**2 Zweige frische Petersilie, 1 Lorbeerblatt und 1 Zweig frischer Thymian, zusammengebunden**

**frische Petersilie und Thymianblätter, zum Garnieren**

1 Das Mehl auf einen Teller sieben und mit Paprika, Salz und Pfeffer würzen. Die Hähnchenteile beidseitig mit dem Mehl bestreuen. Überschüssiges Mehl entfernen.

2 4 Esslöffel Öl in einer großen Frittierpfanne oder einer feuerfesten Kasserolle auf mittlerer Stufe erhitzen. Die Knoblauchstücke hineingeben und unter häufigem Rühren ca. 2 Minuten braten, um das Öl zu aromatisieren. Mit einem Schaumlöffel herausnehmen und auf Küchenpapier abtropfen lassen.

3 So viele Hähnchenteile wie in eine Lage passen, mit der Haut nach unten in die Pfanne geben. (Nötigenfalls noch etwas Öl zugeben und portionsweise arbeiten, damit in der Pfanne genug Platz bleibt.) 5 Minuten braten, bis sich die Haut goldbraun färbt. Wenden und weitere 5 Minuten braten.

4 Überschüssiges Öl abgießen. Knoblauch und Hähnchenteile zurück in die Pfanne geben. Hühnerbrühe, Wein und Kräuter zugeben und aufkochen. Dann die Hitze reduzieren, abdecken und 20–25 Minuten köcheln lassen, bis das Hähnchenfleisch weich und gar und der Knoblauch ganz weich ist.

5 Die Hähnchenteile auf eine Servierplatte legen und warm stellen. Die Kochflüssigkeit mit Knoblauch und Kräutern aufkochen und auf ca. 300 ml einkochen. Die Kräuter entfernen und wegwerfen. Die Sauce abschmecken und nötigenfalls nachwürzen.

6 Sauce und Knoblauchzehen über die Hähnchenteile träufeln bzw. verstreichen. Mit Petersilie und Thymian garnieren.

# Paprikahuhn auf Zwiebel-Schinkenbett



## *Pollo al pimentón sobre cebollas y jamón*

*Geflügelbrüste in Zitronensaft zu marinieren ist ein alter Kniff, um das Fleisch zarter zu machen. Am besten lässt man das Huhn über Nacht marinieren.*

**FÜR 4 PERSONEN**

**4 Hähnchenbrustfilets mit Haut**
**150 ml Zitronensaft, frisch gepresst**
**1–1 1/2 TL spanisches Paprikapulver, nach Geschmack**
**Salz und Pfeffer**
**2 EL Olivenöl**
**70 g Serrano-Schinken, gewürfelt**
**4 große Zwiebeln, in dünne Ringe geschnitten**
**125 ml trockener Weißwein**
**125 ml Hühnerbrühe**
**frischer Thymian oder frische Petersilie, zum Garnieren**

*Während der Siesta wirken die sonst so belebten Straßen Spaniens wie verlassen.*

1 Die Brustfilets zum Marinieren in eine nichtmetallene Schüssel legen. Mit dem Zitronensaft übergießen und über Nacht in den Kühlschrank stellen.

2 Die Brustfilets erst kurz vor dem Kochen aus der Marinade nehmen und trockentupfen. Die Haut mit Paprika, Salz und Pfeffer nach Geschmack einreiben.

3 2 Esslöffel Öl in einer großen, abdeckbaren, gusseisernen Pfanne oder einer feuerfesten Kasserolle auf mittlerer Stufe erhitzen. Die Brustfilets mit der Haut nach unten hineinlegen und 5 Minuten braten, bis die Haut knusprig und goldbraun ist. Herausnehmen.

4 Den Schinken mit dem restlichen Fett in der Pfanne verrühren, abdecken und ca. 2 Minuten garen, bis er zu schwitzen beginnt. Die Zwiebeln zugeben und unter gelegentlichem Rühren ca. 5 Minuten weiterbraten, bis die Zwiebeln glasig sind, nicht bräunen. Nötigenfalls noch etwas Öl zugeben.

5 Wein und Brühe zugießen und unter Rühren aufkochen. Die Brustfilets zurück in die Pfanne geben und mit Salz und Pfeffer würzen. Die Hitze reduzieren, abdecken und 20 Minuten köcheln lassen, bis beim Hineinstechen klarer Saft aus dem Fleisch austritt.

6 Das Hähnchenfleisch auf einen Teller legen und im vorgeheizten Ofen warm halten. Die Sauce aufkochen und reduzieren. Abschmecken und nötigenfalls nachwürzen. Die Zwiebelmischung auf 4 vorgewärmte Teller verteilen und je ein Brustfilet darauf legen. Mit den Kräutern garnieren und sofort servieren.

# Entenschenkel mit Oliven

## *Muslos de pato con azeitunas*

*Rezepte mit Entenfleisch kommen aus Navarra, Katalonien und Andalusien.*

**FÜR 4 PERSONEN**

**4 Entenschenkel, sichtbares Fett vollständig entfernt**
**800 g gehackte Tomaten aus der Dose**
**8 Knoblauchzehen, geschält, aber nicht zerkleinert**
**1 große Zwiebel, gehackt**
**1 Karotte, geschält und fein gehackt**
**1 Selleriestange, geschält und fein gehackt**
**3 Zweige frischer Thymian**
**100 g grüne, mit Paprika gefüllte spanische Oliven in Salzlake, abgetropft**
**Salz und Pfeffer**
**1 TL fein geriebene Schale einer unbehandelten Orange**

*Die farbenfrohe Architektur wird vom blauen Himmel akzentuiert.*

1 Die Entenschenkel in eine feuerfeste Kasserolle oder eine große, gusseiserne Pfanne mit Deckel legen. Tomaten, Knoblauch, Zwiebel, Karotte, Sellerie, Thymian und Oliven zugeben. Mit Salz und Pfeffer abschmecken.

2 Auf hoher Stufe ohne Deckel erhitzen, bis sich Bläschen bilden. Die Hitze reduzieren, fest abdecken und auf niedriger Stufe 1 1/4–1 1/2 Stunden köcheln lassen, bis das Entenfleisch ganz weich ist. Gelegentlich kontrollieren und etwas Wasser zugießen, falls die Mischung zu trocken wirkt.

3 Wenn das Fleisch weich ist, auf eine Servierplatte legen, abdecken und im vorgeheizten Ofen warm halten. Die Mischung im Topf auf mittlerer Stufe ohne Deckel und unter Rühren ca. 10 Minuten köcheln lassen, bis sich eine Sauce bildet. Die Orangenschale unterrühren, abschmecken und nötigenfalls nachwürzen.

4 Die weichen Knoblauchzehen mit einer Gabel zerdrücken und auf den Entenschenkeln verteilen. Die Sauce darüber geben und sofort servieren.

# Wachteln mit Trauben

## *Codornices con uvas*

*Die Jagd ist in Spanien ein beliebter Zeitvertreib, und viele Restaurants bieten eine breite Auswahl an Wildgerichten an.*

**FÜR 4 PERSONEN**

*Kartoffelpfannkuchen*

**600 g ungeschälte Kartoffeln**

**35 g Butter oder Schweineschmalz**

**1 1/2 EL Olivenöl**

**4 El Olivenöl**

**8 Wachteln, ausgenommen**

**280 g kernlose grüne Trauben**

**225 ml Traubensaft**

**2 Knoblauchzehen**

**150 ml Wasser**

**Salz und Pfeffer**

**2 EL spanischer Weinbrand**

1 Zuerst die Kartoffeln für den Pfannkuchen 10 Minuten vorkochen. Abtropfen und vollständig abkühlen lassen, dann schälen, grob reiben und mit Salz und Pfeffer abschmecken. Beiseite stellen.

2 Das Öl in einer gusseisernen Pfanne oder einer feuerfesten Kasserolle, in der alle Wachteln nebeneinander Platz haben, auf mittlerer Stufe erhitzen. Die Wachteln hineingeben und goldbraun anbraten.

3 Trauben, Traubensaft, Knoblauchzehen, so viel Wasser, dass die Wachteln zur Hälfte darin liegen, sowie Salz und Pfeffer nach Geschmack zugeben. Abdecken und 20 Minuten köcheln lassen. Wachteln und Bratensaft in einen Bratentopf geben (nur falls keine Kasserolle verwendet wird) und mit Weinbrand besprenkeln. Im vorgeheizten Ofen bei 230 °C ohne Deckel 10 Minuten garen.

4 Inzwischen Butter bzw. Schmalz und Öl für den Kartoffelpfannkuchen in einer Pfanne mit Antihaft-Beschichtung auf hoher Stufe erhitzen. Wenn das Fett heiß ist, die Kartoffeln hineingeben und gleichmäßig verteilen. Die Hitze reduzieren und 10 Minuten garen. Einen großen Teller auf die Pfanne legen und beide mit Ofenhandschuhen wenden, sodass der Pfannkuchen auf den Teller fällt. Den Pfannkuchen zurück in die Pfanne gleiten lassen und weitere 10 Minuten garen, bis er knusprig ist. Aus der Pfanne gleiten lassen und in 4 Stücke schneiden. Warm halten.

5 Auf jeden Teller ein Pfannkuchenstück und zwei Wachteln legen. Die Traubensauce abschmecken und nötigenfalls nachwürzen. Über die Wachteln geben und servieren.

# Fleischklöße mit Erbsen

## *Albondigas con guisantes*

**FÜR 4–6 PERSONEN**

**500 g mageres Gehacktes vom Rind**

**1 Zwiebel, gerieben**

**55 g zerkrümeltes frisches Weißbrot**

**1 Ei, leicht verquirlt**

**25 g fein gehackte frische Petersilie**

**Salz und Pfeffer**

**Olivenöl**

**2 große Zwiebeln, in dünne Ringe geschnitten**

**1 Rezept Tomaten-Paprika-Sauce (Seite 236)**

**200 g Erbsen, Tiefkühlware**

1 Das Gehackte mit geriebener Zwiebel, Brotkrumen, Ei, Petersilie sowie Salz und Pfeffer nach Geschmack in eine Schüssel geben. Alle Zutaten mit den Händen gut vermengen. Ein kleines Stück der Mischung braten und kosten, nötigenfalls nachwürzen.

2 Mit feuchten Händen 12 Klöße aus der Mischung formen. Diese auf einen Teller geben und für mindestens 20 Minuten in den Kühlschrank stellen.

3 Nach Ablauf der Kühlzeit eine kleine Menge Öl in einer großen Pfanne (oder zwei Pfannen) erhitzen. Die genaue Ölmenge hängt vom Fettgehalt des Rindfleisches ab. Die Fleischklöße in einer Lage mit ausreichend Abstand hineingeben und unter Rühren etwa 5 Minuten außen anbräunen. Nötigenfalls portionsweise arbeiten.

4 Die Fleischklöße beiseite stellen und das Öl bis auf 2 Esslöffel aus der Pfanne abgießen. Die Zwiebelringe hineingeben und ca. 5 Minuten braten, bis sie glasig sind, nicht bräunen. Die Fleischklöße zurück in die Pfanne geben.

5 Die Tomaten-Paprika-Sauce unterrühren und aufkochen. Die Sauce langsam über Zwiebeln und Klöße gießen. Die Hitze reduzieren, abdecken und 20 Minuten köcheln lassen. Die Erbsen zugeben und weitere 7–10 Minuten köcheln lassen, bis die Erbsen weich und die Fleischklöße gar sind. Sofort servieren.

# Kalbfleisch mit Gemüse-Escabeche

## *Ternera con verduras en escabeche*

*Die* escabeche*-Mischung kann bis zu zwei Tagen im Voraus zubereitet, in Olivenöl in einem geschlossenen Behälter im Kühlschrank gelagert und dann aufgewärmt werden, während man die Kalbskoteletts grillt. Sie passt zu Steaks, Schweinekoteletts oder Geflügel.*

**FÜR 4 PERSONEN**

*Gemüse-*Escabeche

**150 ml Olivenöl**

**4 Schalotten, in Ringe geschnitten**

**2 Msp. Safranfäden**

**450 g junge Karotten, geschält und in dünne Scheibchen geschnitten**

**225 grüne Bohnen, klein gehackt**

**225 g kleine Blumenköhlröschen**

**3 EL Weißweinessig**

**1 TL Koriandersamen, zerstoßen**

**1/2 TL schwarze Pfefferkörner, zerstoßen**

**1 Lorbeerblatt, in zwei Hälften zerteilt**

**4 Kalbskoteletts à 225 g und 2 cm dick**

**Salz und Pfeffer**

**2 EL Schnittlauch, klein geschnitten, zum Garnieren**

**Olivenöl mit Knoblaucharoma, zum Beträufeln**

1 Für die Gemüse-Escabeche das Öl in einer Pfanne auf mittlerer Stufe erhitzen. Schalotten und Safran hineingeben und 5–7 Minuten braten, bis die Schalotten goldbraun werden. Karotten, Bohnen und Blumenkohl zugeben. Hitze reduzieren und auf ganz niedriger Stufe abgedeckt 5–8 Minuten köcheln lassen, bis das Gemüse gar, aber noch bissfest ist. Essig, Koriandersamen, Pfefferkörner und Lorbeerblatt unterrühren. Vom Herd nehmen und abkühlen lassen oder sofort servieren.

2 Die Koteletts mit etwas Öl beträufeln, mit Salz und Pfeffer abschmecken. Unter dem heißen Grill (ca. 10 cm von der Hitzequelle entfernt) 3 Minuten grillen. Die Koteletts wenden und weitere 2 Minuten grillen, falls sie innen rosa (medium) sein sollen.

3 Je ein Kotelett auf einen Teller geben und etwas Escabeche dazu geben. Das Gemüse mit dem Schnittlauch bestreuen und mit ein wenig aromatisiertem Öl beträufeln. Sofort servieren.

*Spanische Städte sind zum Stolz ihrer Bürger mit vielen Palästen und Denkmälern ausgestattet.*

# Schweineschulter mit Paprika

## *Espalda de cerdo al chilindrón*

*In ganz Spanien wird gerne* al chilindrón *gekocht. Ursprünglich stammt es aus Navarra und Aragón, wo die rauen Lebensbedingungen herzhafte Gerichte hervorgebracht haben. Die getrockneten Chillies verleihen diesem Rezept eine schon fast authentische Schärfe – nehmen Sie getrocknete* ñora*-Chillies für eine mildere Variante. Das Schweinefleisch muss mindestens 8 Stunden, besser aber über Nacht marinieren.*

**FÜR 4–6 PERSONEN**

**900 g Schweineschulter, entbeint**

**225 ml trockener Weißwein**

**6 Knoblauchzehen, zerdrückt**

**2 getrocknete *ancho*- oder *pasila*-Chillies**

**4 EL Olivenöl**

**2 große Zwiebeln, gehackt**

**4 rote oder/und grüne Paprika, gegrillt, gehäutet (Seite 74), entkernt und in Streifen geschnitten**

**1/2 TL scharfes Paprikapulver**

**800 g gehackte Tomaten aus der Dose**

**2 Zweige frischer Thymian**

**2 Zweige frische Petersilie**

**Salz und Pfeffer**

1 Das Schweinefleisch in eine nichtmetallene Schüssel legen und mit dem Wein übergießen. 4 Knoblauchzehen zugeben. Mit Frischhaltefolie abdecken und für mindestens 8 Stunden in den Kühlschrank stellen.

2 Die Chillies in eine feuerfeste Schüssel geben und mit kochendem Wasser bedecken. 20 Minuten einweichen, dann entkernen und hacken. Beiseite stellen.

3 4 Esslöffel Öl in einer großen, gusseisernen, feuerfesten Kasserolle auf mittlerer Stufe erhitzen. Die Zwiebeln zugeben und 3 Minuten braten, dann die restlichen Knoblauchzehen, Chillies, Paprikastreifen und Paprikapulver zugeben und weitere 2 Minuten braten, bis die Zwiebeln glasig sind, nicht bräunen. Die Mischung mit einem Schaumlöffel auf einen Teller geben, dabei so viel Öl wie möglich in der Kasserolle lassen.

4 Das Schweinefleisch abtropfen lassen und trockentupfen, die Marinade aufbewahren. Das Fleisch in die Kasserolle legen und von allen Seiten braun anbraten.

5 Die Zwiebelmischung zurück in die Kasserolle geben. Die aufbewahrte Marinade, Tomaten samt Saft, Kräuter sowie Salz und Pfeffer nach Geschmack unterrühren. Aufkochen und feste Stückchen vom Boden des Topfes schaben. Die Kasserolle in den vorgeheizten Ofen stellen und bei 160 °C 1 Stunde garen, bis das Fleisch weich ist.

6 Wenn der Bratensaft in der Kasserolle zu dünn ist, das Fleisch herausnehmen und warm stellen. Die Kasserolle auf hoher Stufe erhitzen und den Saft einkochen, bis er die gewünschte Konsistenz hat.

7 Die Sauce abschmecken und nötigenfalls nachwürzen. Das Schweinefleisch in portionsgerechte Stücke tranchieren und mit den Paprikastreifen und der Sauce aus der Kasserolle servieren.

# Knoblauch-Rosmarin-Lamm mit Kartoffeln



## *Cordero asado con ajo y romero*

*Bei der Zubereitung dieses einfachen Gerichts aus Aragon wird Ihre Küche von wunderbaren Düften erfüllt sein. Die Region im Norden ist für ihre Milchlämmer bekannt, denn die von den Tieren gefressenen Wildkräuter bestimmen den Geschmack des Fleisches. Damit sich der Knoblauch voll entfaltet, muss das Lammfleisch mindestens 2 Stunden marinieren.*

**FÜR 6–8 PERSONEN**

**15 Knoblauchzehen, ungeschält**

**Olivenöl**

**1 Lammkeule, ca. 1,3 kg**

**1 Hand voll frische, junge Rosmarinzweige**

**Salz und Pfeffer**

**24 Frühkartoffeln, geputzt**

**250 ml vollmundiger Rotwein, z. B. aus Rioja oder Navarra**

1 Die Knoblauchzehen mit den Händen leicht mit Öl einreiben. In eine kleine Bratform legen und im vorgeheizten Backofen bei 200 °C 20 Minuten rösten, bis sie ganz weich sind. Den Knoblauch mit Aluminiumfolie abdecken (glänzende Seite nach unten), wenn die Zehen zu dunkel werden.

2 Sobald der Knoblauch kalt genug zum Anfassen ist, die Zehen schälen. Den Knoblauch und 1/2 Teelöffel Öl mit einer Gabel oder im Mörser zu einer groben Paste verarbeiten. Überall kleine Einschnitte im Lammfleisch machen und die Knoblauchpaste hineinreiben. Mindestens 2 Stunden an einem kühlen Ort marinieren.

3 Nach Ablauf der Marinierzeit das Lammfleisch auf ein Bett aus Rosmarinzweigen in eine Bratform legen und mit Salz und Pfeffer würzen. Die Kartoffeln mit Öl einreiben und rings um das Fleisch anordnen. Mit mehr Rosmarin sowie Salz und Pfeffer nach Geschmack bestreuen. Im vorgeheizten Backofen 10 Minuten bei 230 °C, dann 15 Minuten pro 500 g bei 180 °C garen – plus weitere 15 Minuten, damit das Fleisch innen rosa ist (oder bis ein Fleischthermometer eine Innentemperatur von 70 °C anzeigt).

4 Das Lammfleisch auf ein Tranchierbrett legen. Vor dem Tranchieren 10 Minuten stehen lassen. Die Kartoffeln sollten zu diesem Zeitpunkt gar sein, falls nicht, in einer anderen Form zurück in den Ofen stellen und währenddessen den Bratensaft einkochen.

5 Die Rosmarinzweige aufbewahren und das Fett aus der Bratform schöpfen. Den Wein hineingießen und aufkochen. Feste Stückchen vom Boden der Form schaben. Die Flüssigkeit auf die Hälfte einkochen.

6 Das Lammfleisch tranchieren, mit Kartoffeln und Sauce servieren.

# Lammeintopf mit Kichererbsen
## *Caldereta de cordero con garbanzos*

**FÜR 4–6 PERSONEN**

**Olivenöl**

**225 g Chorizo-Wurst, in 5 mm dicke Scheiben geschnitten, Haut entfernt**

**2 große Zwiebeln, gehackt**

**6 große Knoblauchzehen, zerdrückt**

**900 g Lammkeule, entbeint, in 5 cm große Stücke geschnitten**

**250 ml Lammbrühe oder Wasser**

**125 ml Rotwein, z. B. Rioja oder Tempranillo**

**2 EL Sherryessig**

**800 g gehackte Tomaten aus der Dose**

**Salz und Pfeffer**

**4 Zweige frischer Thymian**

**2 Lorbeerblätter**

**1/2 TL süßes spanisches Paprikapulver**

**800 g Kichererbsen aus der Dose, abgespült und abgetropft**

**einige Zweige frischer Thymian, zum Garnieren**

1 4 Esslöffel Öl in einer großen feuerfesten Kasserolle auf mittlerer Stufe erhitzen. Die Hitze reduzieren, die Chorizo hineingeben und 1 Minute braten. Beiseite stellen. Die Zwiebeln in die Kasserolle geben und 2 Minuten braten, dann den Knoblauch zugeben und weitere 3 Minuten braten, bis die Zwiebeln glasig sind, nicht bräunen. Herausnehmen und beiseite stellen.

2 Weitere 2 Esslöffel Öl in der Kasserolle erhitzen. Die Lammfleischstücke nicht zu dicht nebeneinander hineinlegen und von allen Seiten braun anbraten. Nötigenfalls portionsweise arbeiten.

3 Die Zwiebelmischung wieder zum gesamten Lammfleisch in die Kasserolle geben. Brühe, Wein, Essig, Tomaten samt Saft sowie Salz und Pfeffer nach Geschmack unterrühren. Aufkochen und feste Stückchen vom Boden der Kasserolle schaben. Die Hitze reduzieren. Thymian, Lorbeerblatt und Paprika unterrühren.

4 Im vorgeheizten Ofen bei 160 °C abgedeckt 40–45 Minuten garen, bis das Lammfleisch weich ist. Die Kichererbsen unterrühren und ohne Deckel für weitere 10 Minuten in den Ofen stellen*, bis sie heiß sind und die Flüssigkeit eingekocht ist.

5 Abschmecken und nötigenfalls nachwürzen. Mit Thymian garnieren und servieren.

**Tipp*

Wenn die Flüssigkeit zu dünn ist, die Kasserolle auf eine Kochplatte stellen, Fleisch und Kichererbsen herausnehmen und warm halten. Die Flüssigkeit aufkochen und reduzieren, dann die übrigen Zutaten wieder zugeben.

# Merguez mit Linsen

## *Salchichas merguez con lentejas*

*Die würzigen, aus Algerien stammenden Merguez-Würstchen sind auch in spanischen Supermärkten erhältlich und eignen sich ideal für dieses herzhafte Paprika-Linsen-Gericht. In 4 cm dicke Würfel geschnittene Chorizo oder andere frische Schweine- oder Rinderwürstchen eignen sich jedoch ebenso.*

**FÜR 4–6 PERSONEN**

**2 EL Olivenöl**

**12 Merguez-Würstchen**

**2 Zwiebeln, fein gehackt**

**2 rote Paprika, entkernt und gehackt**

**1 orangefarbene oder gelbe Paprika, entkernt und gehackt**

**280 g kleine grüne Linsen, abgespült**

**1 TL getrockneter Thymian oder Majoran**

**450 ml Gemüsebrühe**

**Salz und Pfeffer**

**4 EL frisch gehackte Petersilie**

**Rotweinessig, zum Servieren**

1 Das Öl in einer großen, vorzugsweise antihaftbeschichteten, abdeckbaren Pfanne auf mittlerer Stufe erhitzen. Die Würstchen hineingeben und unter häufigem Wenden ca. 10 Minuten braten, bis sie rundum gebräunt und gar sind. Aus der Pfanne nehmen und beiseite stellen.

2 Das Öl bis auf 2 Esslöffel aus der Pfanne abgießen. Zwiebeln und Paprika zugeben und ca. 5 Minuten weich andünsten. Nicht anbräunen. Linsen, Thymian und Majoran zugeben und gut mit dem Öl verrühren.

3 Die Brühe zugießen und aufkochen. Die Hitze reduzieren, alles abdecken und ca. 30 Minuten köcheln lassen, bis die Linsen gar sind und sie die Flüssigkeit absorbiert haben. Ist doch noch zu viel Flüssigkeit vorhanden, bei offener Pfanne köcheln lassen, bis sie verdunstet ist. Mit Salz und Pfeffer abschmecken.

4 Die Würstchen zurück in die Pfanne geben und erhitzen. Die Petersilie unterrühren. Die Würstchen mit den Linsen servieren und einen Schuss Rotweinessig über jede Portion geben.

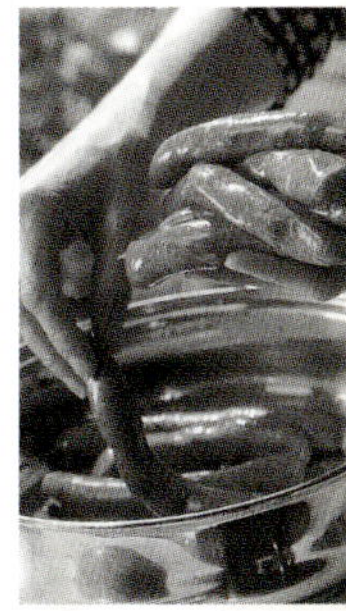

Links: *Die windgepeitschte Landschaft von La Mancha bietet ausgezeichnete Anbaubedingungen für Safran, Oliven und Trauben.*

Seite 148/149: *Bei fangfrischem Fisch und Meeresfrüchten hat ein spanischer Koch die große Auswahl.*

# Seeteufel mit Romesco-Sauce

## *Rape asado con romesco*

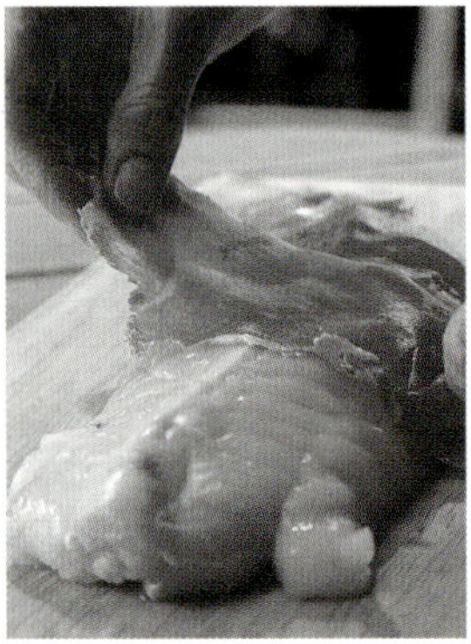

*Reichen Sie dazu Safranreis mit Grüngemüse (Seite 244) oder Bratkartoffeln (Seite 247).*

**FÜR 4–6 PERSONEN**

**900 g Seeteufel am Stück**

**2–3 Scheiben Serrano-Schinken**

**Olivenöl**

**Salz und Pfeffer**

**1 Rezept Romesco-Sauce (Seite 233), zum Servieren**

1 Die dünne Haut an der Außenseite des Seeteufels entfernen. Den Schwanz unter fließend kaltem Wasser abspülen und trockentupfen. Den Seeteufel mit den Schinkenscheiben umwickeln, leicht mit Öl einreiben, mit Salz und Pfeffer würzen und auf ein Backblech legen.

2 Den Seeteufel im vorgeheizten Ofen bei 200 °C 20 Minuten garen, bis das Fleisch fest wird und sich leicht zerteilen lässt. Versuchsweise den Schinken längs der Mittelgräte anheben und ein wenig Fleisch herausschneiden, um zu sehen, ob es sich zerteilen lässt.

3 Durch den Schinken schneiden und die Mittelgräte entfernen, sodass sich 2 dicke Filets ergeben. Jedes Filet in 2 oder 3 Stücke zerteilen und mit einem Klecks Romesco-Sauce auf einem Teller anrichten. Sofort servieren.

*Spanien verfügt vor seiner Atlantik- und Mittelmeerküste über ergiebige Fischgründe.*

# Spaghetti mit Garnelen



## *Espaguetis con gambas*

*Denken Sie noch einmal nach, wenn Ihnen zu Pasta-Gerichten mit Meeresfrüchten nur Italien einfällt: Pasta und Pizzen sind in kleinen, preiswerten Restaurants auch überall in Spanien beliebt. In dem Badeort La Manga südlich von Alicante stehen Gerichte wie dieses hier auf vielen Speisekarten.*

**FÜR 4 PERSONEN**

**450 g Spaghetti**

**125 ml Olivenöl**

**6 Knoblauchzehen, in dünne Scheibchen geschnitten**

**450 g mittelgroße rohe Garnelen, ausgelöst (Seite 64)**

**30 g fein gehackte glatte Petersilie**

**125 ml trockener Weißwein**

**4 EL Zitronensaft, frisch gepresst**

**Salz und Pfeffer**

**gehackte Petersilie, zum Garnieren**

1 Salzwasser in einem Topf auf hoher Stufe aufkochen. Die Spaghetti hineingeben, erneut aufkochen und ca. 10 Minuten kochen lassen, bis sie gar sind (Packungsinformationen berücksichtigen).

2 Inzwischen das Öl in einem großen Topf auf mittlerer Stufe erhitzen. Den Knoblauch hineingeben und leicht goldbraun braten. Die Garnelen und die 30 g Petersilie zugeben und umrühren. Den Wein zugießen und 2 Minuten köcheln lassen. Den Zitronensaft unterrühren und weiter köcheln lassen, bis die Garnelen rosa werden.

3 Die Spaghetti abtropfen lassen. In den Topf mit den Garnelen geben und vermengen. Mit Salz und Pfeffer abschmecken.

4 Alles auf eine große Servierplatte geben und mit Petersilie garnieren. Sofort servieren.

*Gaudis Kathedrale Sagrada Familia in Barcelona.*

# Fenchel-Muscheln



## *Mejillónes con hinojo*

**FÜR 4–6 PERSONEN**

**4 EL Olivenöl**

**2 große Zwiebeln, in dünne Ringe geschnitten**

**1 Fenchelknolle, geputzt und in dünne Scheiben geschnitten**

**2 große Knoblauchzehen, fein gehackt**

**350 ml trockener Weißwein, z. B. weißer Rioja**

**100 ml Sherry fino**

**400 g Tomaten aus der Dose**

**1 Prise Zucker**

**Salz und Pfeffer**

**2 kg frische Miesmuscheln**

**1 Hand voll fein gehackte frische Petersilie**

**Brot, zum Servieren**

1 Das Öl in einem großen, gusseisernen Topf oder Suppentopf auf mittlerer Stufe erhitzen. Zwiebeln und Fenchel zugeben und 3 Minuten unter Rühren braten. Den Knoblauch zugeben und weitere 2 Minuten braten, bis Zwiebeln und Fenchel glasig sind, nicht bräunen.

2 Wein und Sherry zugießen und auf die Hälfte einkochen. Die Tomaten samt Saft zugeben und unter Rühren aufkochen. Den Zucker sowie Salz und Pfeffer nach Geschmack zugeben. Die Hitze reduzieren und 5 Minuten ohne Deckel köcheln lassen.

3 Inzwischen die Muscheln vorbereiten, entbarten und schmutzige Schalen reinigen. Geöffnete Muscheln, die sich beim Antippen nicht schließen, und solche mit kaputten Schalen wegwerfen.

4 Die Hitze reduzieren. Die Muscheln in den Topf geben, abdecken und auf ganz niedriger Stufe 4 Minuten köcheln lassen; öfters durchschütteln. Nicht geöffnete Muscheln wegwerfen, den Rest auf 4 Schalen verteilen. Den Topf wieder abdecken und 1 weitere Minute köcheln lassen.

5 Die Petersilie in den Topfinhalt rühren. Abschmecken und gegebenenfalls nachwürzen. Den Saft über die Muscheln in den Schalen gießen und sofort mit viel Brot zum Aufnehmen der Flüssigkeit servieren.

# Katalanischer Fischeintopf
## *Zarzuela*

*Der Name dieses traditionellen Rezepts entspricht dem spanischen Wort für „Varieté" und spiegelt damit die Vielfalt an Meeresfrüchten in diesem Eintopf wider. Während die Fische und Schalentiere mit dem täglichen Fang wechseln können, gehören Safran, Mandeln, Knoblauch und Tomaten auf jeden Fall dazu.*

**FÜR 4–6 PERSONEN**

**1 gehäufte Msp. Safranfäden**
**6 EL Olivenöl**
**1 große Zwiebel, gehackt**
**2 Knoblauchzehen, fein gehackt**
**1 1/2 EL Thymianblätter, frisch gehackt**
**2 Lorbeerblätter**
**2 rote Paprika, entkernt und grob gehackt**
**800 g gehackte Tomaten aus der Dose**
**1 TL süßes Paprikapulver**
**250 ml Fischfond**
**140 g abgezogene Mandeln, geröstet (Seite 50) und fein gemahlen**
**Salz und Pfeffer**
**12–16 frische Miesmuscheln mit unbeschädigten, fest geschlossenen Schalen (geöffnete, die sich beim Antippen nicht schließen, wegwerfen)**
**12–16 frische Venusmuscheln mit unbeschädigten, fest geschlossenen Schalen (geöffnete, die sich beim Antippen nicht schließen, wegwerfen)**
**600 g dicke, entgrätete Seehecht- oder Kabeljaufilets* ohne Haut, in 5 cm große Stücke geschnitten**
**12–16 rohe Garnelen, ausgelöst (Seite 64)**
**dickes, knuspriges Brot, zum Servieren**

1 Die Safranfäden in eine feuerfeste Schüssel geben und 4 Esslöffel kochendes Wasser zugeben. Beiseite stellen und ziehen lassen.

2 Das Öl in einer großen, gusseisernen Kasserolle auf mittlerer Stufe erhitzen. Die Hitze reduzieren, die Zwiebel hineingeben und in 10 Minuten golden braten, aber nicht anbräunen. Knoblauch, Thymian, Lorbeerblätter und rote Paprika unterrühren und weitere 5 Minuten braten, bis die Paprika und die Zwiebel weich sind.

3 Tomaten und Paprika zugeben und unter häufigem Rühren weitere 5 Minuten köcheln lassen.

4 Fischfond, Safranwasser und geriebene Mandeln unterrühren. Unter häufigem Rühren aufkochen. Die Hitze reduzieren und 5–10 Minuten köcheln lassen, bis die Sauce eindickt. Mit Salz und Pfeffer abschmecken.

5 In der Zwischenzeit die Muscheln vorbereiten. Entbarten und schmutzige Schalen abschrubben.

6 Die Seehechtstücke vorsichtig unterrühren, damit sie nicht zerfallen. Garnelen und Muscheln zugeben. Abdecken und alles auf ganz niedriger Stufe ca. 5 Minuten köcheln lassen, bis der Seehecht gar ist, die Garnelen sich rosa färben und die Muscheln geöffnet sind. Muscheln, die sich nicht geöffnet haben, wegwerfen. Sofort mit dick geschnittenem, knusprigem Brot zum Aufnehmen der Flüssigkeit servieren.

**Tipp*

Vorsicht: Wenn der Seehecht zu lange gart, zerfällt er und hat kaum noch Konsistenz.

Seeteufel ist eine gute Alternative zu Seehecht. Man kann aber alle Fische oder Schalentiere mit festem Fleisch verwenden, sollte aber Makrelen und Lachs vermeiden, da sie zu ölhaltig sind, sowie Schwertfisch und Thunfisch, da sie eine zu fleischige Konsistenz haben.

# Frittierte Meeresfrüchte



## *Pescadito frito*

*Andalusien wird aufgrund seiner herausragenden frittierten Gerichte auch als „Bratpfanne Spaniens" bezeichnet. Daher überrascht es nicht, dass man in Restaurants überall an der Mittelmeerküste Fischplatten mit hoch aufgetürmten gebratenen oder frittierten Meeresfrüchten serviert bekommt. Fisch ist hier immer fangfrisch, und es lässt sich kaum angenehmer speisen als mit einem kühlen Weißwein und einem Teller frittierter Garnelen und Tintenfischringe unter einem Sonnenschirm. Der folgende Teig lässt sich auch zum Frittieren ganzer Baby-Tintenfische, Sprotten oder Sardinen verwenden. Romesco-Sauce (Seite 233) und Knoblauchmayonnaise (Seite 232) eignen sich gut als Dip.*

**FÜR 4–6 PERSONEN**

*Teig*

**125 g Mehl**

**1 1/4 TL Backpulver**

**1/2 TL Salz**

**150 ml Wasser**

**2 EL Olivenöl**

**Olivenöl, zum Frittieren**

**Mehl, mit Salz, Pfeffer und mildem spanischem Paprikapulver nach Geschmack gewürzt**

**24 rohe Garnelen, ausgelöst (Seite 64)**

**2 große Tintenfische, vorbereitet (Seite 122) und in 5 mm dicke Ringe geschnitten**

**Tintenfischtentakel, aufbewahrt**

**Salz**

**glatte Petersilie, zum Garnieren**

**Zitronenspalten, zum Servieren**

1 Für den Teig Mehl und Salz in eine Schüssel sieben und eine Mulde in die Mitte drücken. Wasser und Öl langsam zugeben und unterrühren, bis ein glatter Teig entsteht. Beiseite stellen und 30 Minuten ruhen lassen.

2 In eine große, gusseiserne Pfanne 7,5 cm hoch Öl gießen und bei hoher Stufe auf 190 °C erhitzen, bis ein Brotwürfel vom Vortag darin in 30 Sekunden gebräunt wird.

3 Das gewürzte Mehl in einen Plastikbeutel geben. Die Garnelen zugeben und schütteln, bis sie mit Mehl überzogen sind. Überschüssiges Mehl beim Herausnehmen der Garnelen abschütteln. Ca. 8 Garnelen in ausreichendem Abstand in die Pfanne geben und 45 Sekunden frittieren. Wenden und weiter frittieren, bis sie goldbraun sind. Mit einem Schaumlöffel auf zerknülltes Küchenpapier geben und gut abtropfen lassen. Salzen und in den warmen Ofen stellen, während der Rest frittiert wird.

4 Das Öl zwischen den einzelnen Portionen wieder auf 190 °C erhitzen und weiter frittieren, bis alle Meeresfrüchte gar sind. Mit Petersilie garnieren und heiß mit den Zitronenspalten servieren.

# Dorade im Salzmantel

## *Dorada a la sal*

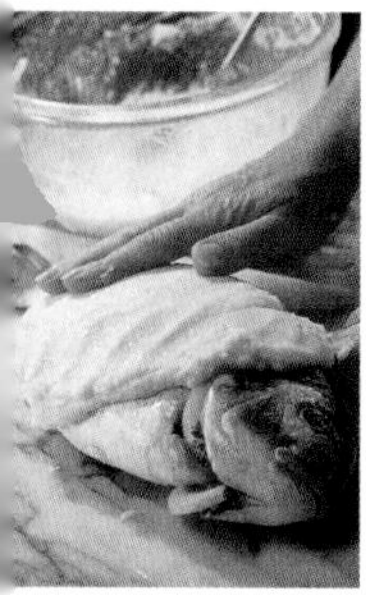

*Wenn in Mallorcas Hauptstadt Palma die Temperaturen steigen, nehmen die Einheimischen ihr entspanntes Sonntagsmahl im pittoresken Hafen von Andraitx ein. Das folgende Gericht ist eine Spezialität aus den kleinen Hafenrestaurants. Der von Salz überzogene Fisch wird dort in abgenutzten Bratformen zwanglos an den Tisch getragen, wo man die Salzkruste aufbricht, den saftigen Fisch entgrätet und serviert.*

*Die Dorade wird im ganzen Mittelmeerraum gern gegessen und ist wegen ihres feinen Fleisches auch bei Köchen beliebt. Sollte keine Dorade erhältlich sein, kann man auch Seekarpfen oder Sägebarsch verwenden.*

**FÜR 4 PERSONEN**

**900 g Salz**

**140 g Mehl**

**225 ml Wasser**

**1 Dorade, ca. 1 kg schwer, durch die Kiemen ausgenommen***

**2 Zitronenscheiben**

**einige Zweige frische Petersilie**

1 Den Ofen auf 230 °C vorheizen. Salz und Mehl in einer Schüssel mischen und eine Mulde in die Mitte drücken. Das Wasser hineingießen und alles zu einem dicken Brei vermengen. Beiseite stellen.

2 Zitronenscheiben und Petersilie in die Kiemenöffnung stecken. Den Fisch mit Küchenpapier trockentupfen und von Hand mit der Salzpaste überziehen (es ist nicht erforderlich, den Fisch vorher zu schuppen, achten Sie aber darauf, sich nicht zu schneiden). Den Fisch in eine Bratform legen, dabei darauf achten, dass er vollständig bedeckt ist.

3 Den Fisch im Ofen 30 Minuten garen. Herausnehmen und die Kruste aufbrechen. Während man sie löst, sollte die Haut mit abgehen. Den Fisch entgräten und sofort servieren.

**Tipp*

Nimmt man den Fisch durch die Kiemen aus, bleibt er ganz und verliert weder an Saft noch an Geschmack. Der Fischhändler erledigt dies für Sie, aber mit etwas Übung kann man es auch selbst machen: Den Hautlappen über den Kiemen zurückklappen und diese mit den Fingern heraus ziehen (Vorsicht, sie sind scharf!). Den kleinen Finger in die Bauchhöhle schieben, die Eingeweide wie mit einem Haken greifen und mit einer raschen Bewegung herausziehen. Den Rest mit einem Teelöffel herauskratzen. Den Fisch außen und innen unter fließend kaltem Wasser abspülen und mit Küchenpapier trockentupfen.

# Stockfisch mit Kartoffelbrei

## *Brandada*

*Angeblich gibt es ein* brandada*-Rezept für jeden Tag des Jahres – ein Vermächtnis aus jener Zeit, als Stockfisch angesichts der schlechten Transportmöglichkeiten den ganzen Winter über als Grundnahrungsmittel diente, wie auch an Freitagen und während der Fastenzeit, wenn die katholische Kirche jeden Fleischverzehr untersagte. Ursprünglich ist dieses Gericht mit Olivenöl und Kartoffelbrei in Südfrankreich zu Hause, es hat sich aber auch in Katalonien durchgesetzt. Achten Sie darauf, dass der Stockfisch (den es in karibischen oder spanischen Lebensmittelgeschäften gibt) bis zu 48 Stunden eingeweicht werden muss.* Die Konsistenz von Stockfisch kann variieren, suchen Sie daher ein möglichst gleichmäßiges Stück aus.*

**FÜR 4–6 PERSONEN**

**450 g Stockfisch (getrockneter eingesalzener Kabeljau), in mehrere Stücke zerteilt**
**4 Zitronenscheiben**
**4 Zweige frische Petersilie**
**2 Lorbeerblätter**
**1 Knoblauchzehe, klein geschnitten**
**1/2 TL Fenchelsamen**
**1/2 TL schwarze Pfefferkörner, leicht zerdrückt**
**500 g weich kochende Kartoffeln, gewürfelt**
**4 EL Olivenöl mit Knoblaucharoma**
**125 ml Milch**
**Zitronensaft, nach Geschmack**
**Salz und Pfeffer**

1 Den Stockfisch in eine große Schüssel legen, mit kaltem Wasser bedecken und 48 Stunden einweichen. Dabei das Wasser mindestens 6-mal wechseln.

2 Nach dem Einweichen Zitronenscheiben, Petersilienzweige, Lorbeerblätter, Knoblauch, Fenchelsamen und Pfefferkörner mit 1,2 l Wasser in einem Topf auf hoher Stufe aufkochen, dann die Hitze reduzieren und 45 Minuten köcheln lassen.

3 Den Stockfisch in eine große Pfanne geben. Mit der aromatisierten Kochflüssigkeit bedecken und aufkochen. Die Hitze reduzieren und 45 Minuten köcheln lassen, bis der Fisch weich ist und sich leicht zerteilen lässt. Den Fisch aus dem Wasser nehmen, in kleine Stücke zerteilen und dabei Haut sowie kleine Gräten komplett entfernen. Beiseite stellen.

4 Inzwischen die Kartoffeln in einem großen Topf mit Salzwasser garen. Gut abtropfen lassen, in eine große Schüssel geben und zerstampfen, dabei portionsweise den zerteilten Stockfisch untermischen.

5 4 Esslöffel Öl und die Milch in einem kleinen Topf auf mittlerer Stufe erhitzen und köcheln lassen. Portionsweise unter die Stockfischmischung schlagen. Eventuell mehr zugeben, bis die gewünschte Konsistenz erzielt ist. Mit Zitronensaft, Salz und Pfeffer abschmecken.

**Tipp*

Stockfisch fällt unterschiedlich aus. Einzelne Stücke können länger brauchen als andere, um einzuweichen und den starken Salzgeschmack zu verlieren. Daher ist es schwierig, eine genaue Einweichzeit anzugeben – mindestens 24 Stunden und bis zu 48 Stunden. Wenn seine Konsistenz weicher wird, kocht man daher ein kleines Stück und stellt so fest, ob er noch länger einweichen muss.

# Seehecht in Weißwein



## *Merluza a la vasca*

*Spanische Köche verwenden diesen gehaltvollen, weißfleischigen Fisch besonders gern – nicht zuletzt, weil sein milder, diskreter Geschmack geradezu zur Kombination mit anderen Zutaten einlädt. Aufgrund seiner Kabeljau-artigen Konsistenz eignet er sich außerdem sehr gut zum Braten, Grillen, Backen und Dämpfen.*

*Dieses einfache, beliebte Gericht aus dem Baskenland wird manchmal auch mit Venusmuscheln und Garnelen verfeinert. Leckere Beigaben sind auch Spargelspitzen, grüne Bohnen und Erbsen.*

**FÜR 4 PERSONEN**

**2 EL Mehl**
**4 Seehechtfilets à ca. 150 g**
**4 EL Natives Olivenöl extra**
**125 ml trockener Weißwein, z. B. weißer Rioja**
**2 große Knoblauchzehen, sehr fein gehackt**
**6 Frühlingszwiebeln, in dünne Scheiben geschnitten**
**30 g fein gehackte frische Petersilie**
**Salz und Pfeffer**

1 Den Ofen auf 230 °C vorheizen. Das Mehl auf einem flachen Teller großzügig mit Salz und Pfeffer würzen. Die Hautseite der Seehechtfilets im gewürzten Mehl wälzen. Überschüssiges Mehl entfernen. Beiseite stellen.

2 Eine flache, feuerfeste Kasserolle auf hoher Stufe erhitzen, bis man die aufsteigende Wärme spürt. Das Öl zugeben und erhitzen, bis ein Brotwürfel vom Vortag darin zischt; dies dauert ca. 30 Sekunden. Die Seehechtfilets mit der Haut nach unten hineingeben und 3 Minuten anbraten, bis die Haut goldbraun ist.

3 Den Fisch wenden und nach Geschmack mit Salz und Pfeffer würzen. Den Wein zugießen, dann Knoblauch, Frühlingszwiebeln und Petersilie zugeben. Die Kasserolle ohne Deckel in den vorgeheizten Ofen stellen und 5 Minuten backen, bis sich das Fleisch leicht zerteilen lässt. Das Gericht direkt aus der Kasserolle servieren.

*Variation*

Nehmen Sie Kabeljau, falls Seehecht nicht erhältlich ist.

# Lachssteaks mit grüner Sauce

## *Salmón a la plancha con salsa verde*

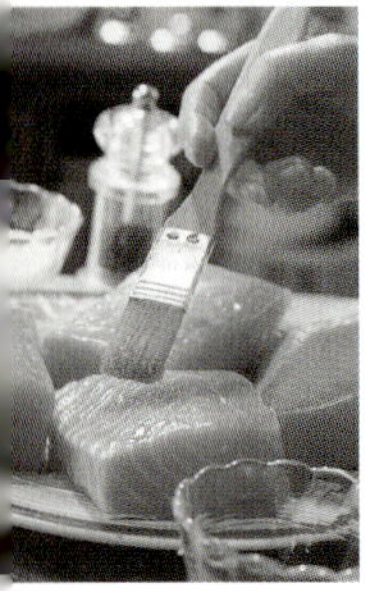

*Früher gab es in den Flüssen von Nordspanien viel Wildlachs, heute beziehen spanische Köche Lachs eher vom Züchter. Die aromatische grüne Sauce eignet sich ausgezeichnet, um den milden Geschmack des Fisches aufzupeppen und passt auch gut zu gegrilltem Rindfleisch oder zu Kalb, Schwein und Huhn.*

*Passende Beilagen sind Sherryreis (Seite 243), Safranreis mit Grüngemüse (Seite 244) oder Bratkartoffeln (Seite 247).*

**FÜR 4 PERSONEN**

**Grüne Sauce***

**70 g frische, glatte Petersilie**

**8 große, frische Basilikumblätter**

**2 Zweige frischer Oregano oder 1/2 TL getrockneter Oregano**

**3–4 in Öl eingelegte Sardellenfilets, abgetropft und gehackt**

**2 TL Kapern in Salzlake, abgespült**

**1 Schalotte, gehackt**

**1 große Knoblauchzehe**

**2–3 TL Zitronensaft, nach Geschmack**

**125 ml Natives Olivenöl extra**

**4 Lachsfilets ohne Haut à ca. 150 g**

**2 EL Olivenöl**

**Salz und Pfeffer**

1 Für die grüne Sauce Petersilie, Basilikum, Oregano, Sardellen, Kapern, Schalotte, Knoblauch und Zitronensaft in einer Küchenmaschine zerkleinern. Bei laufendem Motor langsam das Öl zugießen. Abschmecken und nötigenfalls nachwürzen, dabei den Salzgehalt der Sardellen und Kapern berücksichtigen. In eine Servierschüssel gießen, mit Frischhaltefolie abdecken und bis zum Verzehr in den Kühlschrank stellen.

2 Kurz vor dem Servieren die Lachsfilets auf beiden Seiten mit Olivenöl bestreichen und mit Salz und Pfeffer würzen. Eine große Pfanne erhitzen, bis man die aufsteigende Wärme spürt. Die Lachssteaks hineingeben und 3 Minuten braten. Wenden und weitere 2–3 Minuten braten, bis sie bei Druck nachgeben und sich das Fleisch leicht zerteilen lässt.

3 Ein wenig kalte Sauce über die heißen Lachssteaks geben und servieren.

**Tipp*

Die Sauce kann bis zu 2 Tagen im Voraus zubereitet und im Kühlschrank aufbewahrt werden.

# Kabeljau mit Spinat



## *Bacalao a la catalana*

*Der Zusatz* a la catalana *lässt bereits darauf schließen, dass das Gericht Pinienkerne und Rosinen enthält. In den schicken Restaurants von Barcelona werden dazu einfach nur gegrillte Tomatenhälften serviert, Bratkartoffeln (Seite 247) passen aber auch gut dazu.*

**FÜR 4 PERSONEN**

*Katalanischer Spinat*

**55 g Rosinen**

**55 g Pinienkerne**

**4 EL Natives Olivenöl extra**

**3 Knoblauchzehen, zerdrückt**

**500 g junge Spinatblätter, abgespült und abgetropft**

**4 Kabeljaufilets à ca. 175 g**

**Olivenöl**

**Salz und Pfeffer**

**Zitronenspalten, zum Servieren**

1 Die Rosinen für den katalanischen Spinat in eine kleine Schüssel geben, mit heißem Wasser bedecken und 15 Minuten einweichen lassen. Gut abtropfen lassen.

2 Inzwischen die Pinienkerne in einer trockenen Pfanne auf mittlerer Stufe unter häufigem Schwenken 1–2 Minuten rösten, bis sie goldbraun sind. Dabei achtgeben, dass sie nicht anbrennen.

3 Das Öl in einer großen, abdeckbaren Pfanne auf mittlerer Stufe erhitzen. Den Knoblauch hineingeben und 2 Minuten braten, bis er goldfarben ist, nicht bräunen. Mit einem Schaumlöffel herausnehmen und wegwerfen.

4 Den Spinat in das Öl geben. Abdecken und 4–5 Minuten garen, bis er zusammengefallen ist. Den Deckel abnehmen, eingeweichte Rosinen und Pinienkerne unterrühren und weitergaren, bis die gesamte Flüssigkeit verdampft ist. Abschmecken und warm halten.

5 Die Kabeljaufilets leicht mit Öl bestreichen und mit Salz und Pfeffer bestreuen. Etwa 10 cm von der Hitzequelle entfernt unter den vorgeheizten Grill stellen und 8–10 Minuten grillen, bis das Fleisch fest wird und sich leicht zerteilen lässt.

6 Den Spinat auf 4 Teller verteilen und die Kabeljaufilets darauf legen. Mit Zitronenspalten servieren.

*Manche spanische Gerichte sind so farbenfroh wie einige der Kunstwerke, die die Halbinsel besitzt.*

# Flunder für zwei
## *Lenguado para dos*

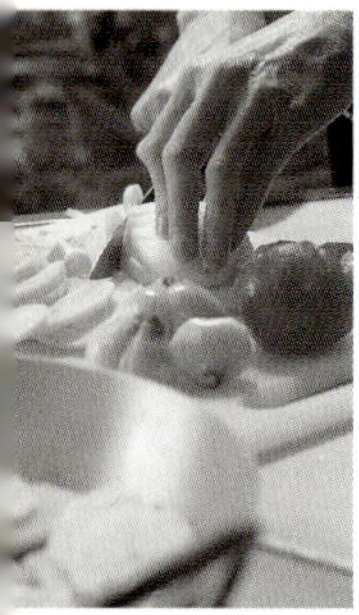

*Das zarte, delikate Fleisch der Flunder wird in Nordspanien, vor allem in der Gegend von La Coruña, besonders geschätzt. Es eignet sich gut für den langsamen Garprozess in Weißwein. Nehmen Sie Scholle oder Seezunge, falls Flunder nicht erhältlich ist.*

**FÜR 2 PERSONEN**

**150 ml Olivenöl**
**375 g fest kochende Kartoffeln, geschält und in dünne Scheiben geschnitten**
**1 Fenchelknolle, geputzt und in dünne Scheiben geschnitten**
**2 große Tomaten, gegrillt, enthäutet, entkernt (Seite 63) und gehackt**
**2 Schalotten, in dünne Ringe geschnitten**
**Salz und Pfeffer**
**1 oder 2 ganze Flundern, ca. 1,3 kg, ausgenommen**
**4 EL trockener Weißwein**
**2 EL fein gehackte frische Petersilie**
**Zitronenspalten, zum Servieren**

1 4 Esslöffel Öl auf dem Boden einer flachen Bratform, die groß genug für die Flunder ist, verteilen. Die Kartoffeln in einer Schicht darin anordnen. Fenchel, Tomaten und Schalotten darauf verteilen. Mit Salz und Pfeffer würzen. Mit weiteren 4 Esslöffeln Öl beträufeln. Das Gemüse im vorgeheizten Backofen bei 200 °C 30 Minuten garen.

2 Den Fisch mit Salz und Pfeffer würzen und auf das Gemüse legen. Mit dem Wein und den restlichen 2 Esslöffeln Öl beträufeln.

3 Die Bratform zurück in den Ofen stellen und den Fisch ohne Deckel 20 Minuten garen, bis sich sein Fleisch leicht zerteilen lässt. Den Fisch zum Servieren enthäuten und filetieren. Das Gemüse mit der Petersilie bestreuen. Auf jedem Teller 2–4 Filets mit dem Gemüse und den Zitronenscheiben anrichten.

*Kühlende Springbrunnen finden sich in vielen spanischen Städten auf Plätzen und an öffentlichen Orten.*

# Thunfisch mit Orangen und Sardellen

## *Atún asado con naranja y anchoas*

*Die Straße von Gibraltar und das Meer vor der südspanischen Atlantikküste sind so reich an Thunfisch, dass die See bei Cádiz* El Mar de Atún *(Thunfischsee) genannt wird. Thunfisch eignet sich wegen seines gehaltvollen Fleisches ideal zum Braten, und in diesem Rezept wird ein einziges, dickes Stück wie ein Stück Rindfleisch zubereitet. Reichen Sie dazu eine einfache Beilage wie z. B. Bratkartoffeln (Seite 247).*

**FÜR 4–6 PERSONEN**

**200 ml Orangensaft, frisch gepresst**

**3 EL Natives Olivenöl extra**

**55 g in Öl eingelegte Sardellenfilets, abgetropft, grob gehackt, das Öl aufbewahrt**

**1 kleine Prise Chilipulver oder nach Geschmack**

**Pfeffer**

**1 Thunfischfilet, ca. 600 g**

1 Orangensaft, 2 Esslöffel Olivenöl, Sardellen samt Öl, Chilipulver und Pfeffer nach Geschmack in einer nichtmetallenen Schüssel, die groß genug für den Thunfisch ist, mischen. Den Thunfisch hineingeben und die Marinade darüber gießen. Abdecken und für mindestens 2 Stunden zum Marinieren in den Kühlschrank stellen, den Thunfisch dabei gelegentlich wenden. 20 Minuten vor dem Kochen aus dem Kühlschrank holen, damit er sich auf Zimmertemperatur erwärmt.

2 Den Thunfisch aus der Marinade nehmen und trockenwischen. Einen Esslöffel Öl in einer Pfanne auf hoher Stufe erhitzen. Den Thunfisch hineingeben und auf jeder Seite 1 Minute scharf anbraten, bis er leicht gebräunt und knusprig ist. Den Thunfisch dann in eine kleine Bratform legen und diese dicht mit Alufolie abdecken.

3 Im vorgeheizten Ofen bei 220 °C zwischen 8 (schwach bis halb durchgegart) und 10 Minuten (halb bis ganz durchgegart) backen. Aus dem Ofen nehmen und beiseite stellen. Vor dem Aufschneiden mindestens 2 Minuten ruhen lassen.*

4 Inzwischen die Marinade in einem kleinen Topf auf hoher Stufe sprudelnd aufkochen und mindestens 2 Minuten kochen lassen.

5 Den Thunfisch auf eine Servierplatte legen und in dicke Scheiben aufschneiden (die beim Schneiden wahrscheinlich in größere Stücke zerbrechen). Die Sauce getrennt reichen. Der Thunfisch kann heiß oder kalt serviert werden, aber die Sauce ist am besten heiß.

**Tipp*

Wie Rindfleisch gart auch Thunfisch noch weiter, nachdem man ihn aus dem Ofen genommen hat. Ob er gar ist, lässt sich leicht feststellen, indem man – kurz bevor man die abgedeckte Form in den Ofen stellt – ein Fleischthermometer durch die Folie hineinschiebt. Wenn es 60 °C anzeigt, ist der Thunfisch halb durchgegart.

# Paprikagarnelen
## *Gambas al pimentón*

*Dieses überaus schlichte Gericht gleicht einer Mahlzeit in einem spanischen Hafenrestaurant, dessen* menú del día *vom täglichen Fang abhängt. Servieren Sie die Garnelen einfach auf einer großen Platte, sodass sich jeder selbst bedienen und Köpfe sowie Schwänze entfernen kann. Ein oder zwei Gläser eines kühlen Weißweins und viel knuspriges Brot sind ideale Begleiter.*

*Kombiniert mit dem Orangen-Fenchel-Salat (Seite 109) oder dem Sherryreis (Seite 243) erhält man ein köstliches, sommerliches Mittagessen.*

**FÜR 4–6 PERSONEN**

**16–24 große, rohe Riesengarnelen**

**6 EL Natives Olivenöl extra**

**1 große Knoblauchzehe, zerdrückt**

**1/2 TL mildes Paprikapulver, nach Geschmack**

**Salz**

**Zitronenspalten, zum Servieren**

1 Den Mittelteil der Garnelen schälen. Köpfe und Schwänze intakt lassen. Die Darmfäden entfernen (Tipp Seite 64).

2 Öl, Knoblauch, Paprikapulver und Salz in eine flache Schüssel geben, in der alle Garnelen in einer Lage Platz haben. Gut durchrühren, dann die Garnelen hineingeben und in der Mischung wenden, bis sie rundum überzogen sind. Mit Frischhaltefolie abdecken und für mindestens 1 Stunde zum Marinieren in den Kühlschrank stellen.

3 Nach Ablauf der Marinierzeit eine große, flache, gusseiserne Pfanne auf mittlerer Stufe erhitzen, bis man die Wärme aufsteigen spürt. So viele Garnelen wie möglich in ausreichendem Abstand hineingeben. Etwa 1 Minute braten, bis sie sich zusammenziehen und rosa färben. Wenden und eine weitere Minute braten, bis sie gar sind. Gut auf Küchenpapier abtropfen lassen und warm halten, während der Rest gebraten wird.

4 Sofort mit Zitronenspalten zum Beträufeln der Garnelen servieren.

*Variation*

Die marinierten Garnelen sind auch frittiert eine Köstlichkeit. Köpfe und Darmfäden entfernen und wie in Schritt 2 beschrieben marinieren. Dann den Teig aus dem Rezept Frittierter eingelegter Seeteufel (Seite 55) zubereiten. Ausreichend Olivenöl in einem großen, gusseisernen Topf erhitzen, bis ein Brotwürfel vom Vortag darin zischt; das dauert ca. 30 Sekunden. Die gewürzten Garnelen in den Teig tauchen und dann 1 1/2–2 Minuten frittieren, bis sie sich zusammengezogen haben und goldbraun sind. Gegebenenfalls portionsweise arbeiten, damit nicht zu viele Garnelen im Topf sind. Die Garnelen mit grobem Meersalz bestreuen und mit Zitronenspalten zum Beträufeln servieren.

# Eier auf Gemüse



## *Huevos a la flamenca*

*Eier – ob als Spiegeleier, Rühreier oder gebacken – sind in Spanien immer beliebt und werden oft als eigener Gang oder kleine Mahlzeit serviert.* A la flamenca *bezieht sich auf das farbenfrohe Aussehen dieses beliebten Gerichts. In Spanien gibt es nur wenige vegetarische Gerichte. Durch Weglassen der Chorizo kann hieraus leicht eines gemacht werden.*

**FÜR 4 PERSONEN**

**4 EL Natives Olivenöl extra**

**2 grüne Paprika, entkernt und gehackt**

**1 große Zwiebel, gehackt**

**2 Knoblauchzehen, zerdrückt**

**12 Chorizo-Wurstscheiben, ca. 5 mm dick, Haut entfernt (nach Wunsch)**

**1/4 TL mildes spanisches Paprikapulver**

**800 g gehackte Tomaten aus der Dose**

**1 Prise Zucker**

**Salz und Pfeffer**

**225 g Frühkartoffeln, gekocht und in ca. 1 cm große Würfel geschnitten***

**100 g grüne Bohnen, gehackt**

**100 g frische Erbsen**

**4 große Eier**

1 Das Öl in einer gusseisernen Pfanne auf mittlerer Stufe erhitzen. Paprika und Zwiebel hineingeben und 2 Minuten braten, dann Knoblauch, Chorizo und Paprikapulver zugeben und weitere 3 Minuten braten, bis Paprika und Zwiebel weich, aber nicht gebräunt sind.

2 Die Tomaten samt Saft, den Zucker sowie Salz und Pfeffer nach Geschmack unterrühren und aufkochen. Die Hitze reduzieren und ca. 10 Minuten ohne Deckel köcheln lassen.

3 Kartoffeln, Bohnen und Erbsen zugeben und weitere 6–7 Minuten köcheln lassen, bis die Kartoffeln erhitzt und Bohnen und Erbsen gar sind.

4 Die Gemüsemischung auf 4 Steingutkasserollen oder feuerfeste Servierschalen verteilen und nötigenfalls nachwürzen. Darüber jeweils 1 Ei aufschlagen. Im vorgeheizten Ofen bei 180 °C 10 Minuten backen bzw. bis das Eigelb so fest ist wie gewünscht. Sofort servieren.

**Tipp*

Spanier haben eine besondere Vorliebe für Dosengemüse, das für dieses Gericht auch oft verwendet wird – ganz gleich ob Artischockenherzen, Spargelspitzen, gewürfelte Karotten oder Kohlrüben. Dazu das Gemüse gut abtropfen lassen, am Ende von Schritt 2 zugeben und Schritt 3 überspringen.

# Paprikasalat
## *Ensalada de pimientos*

*Dieser sommerliche Salat ist im ganzen Mittelmeerraum beliebt und eignet sich ideal für glühend heiße Tage. Durch Zugabe von eingeweichtem und gekochtem Stockfisch (eingesalzenem Kabeljau, Seite 162) wird er noch gehaltvoller.*

**FÜR 4–6 PERSONEN**

**6 große rote, orangefarbene oder gelbe Paprika, jeweils längs halbiert, gegrillt und enthäutet (Seite 74)**
**4 hart gekochte Eier, geschält**
**12 in Öl eingelegte Sardellenfilets, abgetropft**
**12 große schwarze Oliven**
**Natives Olivenöl extra oder Olivenöl mit Knoblaucharoma**
**Sherryessig**
**Salz und Pfeffer**
**knuspriges Landbrot, zum Servieren**

1 Stielansatz und Samen der gegrillten Paprika entfernen und diese in dünne Streifen schneiden. Auf einer Servierplatte anrichten.

2 Die Eier in Spalten schneiden und zusammen mit den Sardellenfilets und Oliven auf den Paprikastreifen verteilen.

3 Den Salat nach Geschmack mit Öl beträufeln und einen Schuss Sherryessig darüber geben. Mit etwas Salz und Pfeffer bestreuen und mit Brot servieren.

*Aus der Drahtseilbahn hat man einen ausgezeichneten Blick auf Barcelona.*

AN LEANDRO
SA

# Thunfisch-Bohnen-Salat



## *Ensalada de atún y judías*

**FÜR 4–6 PERSONEN**

*Dressing*

**1 Hand voll frisch gehackte Minzeblätter**

**1 Hand voll frisch gehackte Petersilienblätter**

**1 Knoblauchzehe, zerdrückt**

**4 EL Natives Olivenöl extra**

**1 EL Rotweinessig**

**Salz und Pfeffer**

**200 g grüne Bohnen**

**400 g kleine weiße Bohnen aus der Dose, z. B. Cannellini-Bohnen, abgespült und abgetropft**

**4 Frühlingszwiebeln, fein gehackt**

**2 frische Thunfischsteaks à ca. 225 g und 2 cm dick**

**Olivenöl, zum Bestreichen**

**250 g Kirschtomaten, halbiert**

**Kopfsalatblätter**

**Minze- und Petersilienblätter, zum Garnieren**

**Knuspriges Landbrot, zum Servieren**

1 Zunächst das Dressing zubereiten. Alle Zutaten sowie Salz und Pfeffer nach Geschmack in ein Gefäß mit Schraubverschluss geben und darin durchschütteln, bis sie gut vermischt sind. In eine große Schüssel gießen und beiseite stellen.

2 Einen Topf mit leicht gesalzenem Wasser aufkochen. Die Bohnen hineingeben und 3 Minuten kochen. Die weißen Bohnen zugeben und weitere ca. 4 Minuten kochen, bis die grünen Bohnen bissfest und die weißen Bohnen erhitzt sind. Gut abtropfen lassen und zusammen mit den Frühlingszwiebeln in die Schüssel mit dem Dressing geben. Gut vermengen.

3 Für den Thunfisch eine flache Pfanne (z. B. Fischpfanne) auf hoher Stufe erhitzen. Die Thunfischsteaks auf einer Seite leicht mit Öl bestreichen, mit dieser Seite in die Pfanne legen und 2 Minuten braten. Dann die obere Seite mit Öl bestreichen, die Steaks wenden und weitere 2 Minuten (halb durchgebraten) bis 4 Minuten (durchgebraten) braten.

4 Den Thunfisch aus der Pfanne nehmen und 2 Minuten stehen lassen, oder bis er völlig abgekühlt ist. Kurz vor dem Servieren die Tomaten zu den Bohnen geben und vermengen. Eine Servierplatte mit Salatblättern auslegen und den Bohnensalat darauf geben. Darüber den Thunfisch in Stückchen zerkleinern. Mit den Kräutern garnieren und warm oder kalt mit viel Brot servieren.

# Mauren und Christen

## *Moros y cristianos*

*Nur wenige spanische Gerichte haben einen so direkten Bezug zu historischen Ereignissen wie dieses hier aus dem levantinischen Valencia: Die schwarzen Bohnen stehen für die maurischen Besatzer – umgeben vom weißen Reis, der die Christen symbolisiert, die die Araber schließlich besiegen und von der Iberischen Halbinsel vertreiben.*

*In den kleinen Dörfern der Levante findet man gegen Ende April* moros y christianos*-Festivals, bei denen die Schlachten nachgespielt werden und wo es dieses Gericht zur Siegesfeier gibt.*

**FÜR 4–6 PERSONEN**

*Reis*

**2 EL Olivenöl**

**400 g spanischen Rundkornreis, abgespült, bis das Wasser klar bleibt**

**1 l heiße Gemüsebrühe (nicht vom Suppenwürfel)**

**Salz und Pfeffer**

*Bohnen*

**2 EL Olivenöl**

**55 g Serrano-Schinken am Stück, gewürfelt, oder Speckstreifen**

**2 große grüne Paprika, entkernt und fein gehackt**

**1 große Zwiebel, fein gehackt**

**2 große Knoblauchzehen, zerdrückt**

**1 rote Chilischote, entkernt und fein gehackt, nach Geschmack**

**800 g schwarze Bohnen aus der Dose, abgespült und abgetropft**

**250 ml Gemüsebrühe (nicht vom Suppenwürfel)**

**2 EL Sherryessig**

**4 EL frisch gehackte Petersilie**

1 Für den Reis das Öl in einer flachen, gusseisernen, feuerfesten Kasserolle erhitzen. Den Reis hineingeben und durchrühren, bis er mit Öl überzogen ist. Die Brühe zugießen, abschmecken und aufkochen. Die Hitze reduzieren und 20 Minuten ohne Deckel und ohne Rühren köcheln lassen, bis sich kleine Löcher an der Oberfläche bilden. Falls noch Flüssigkeit übrig ist, abdecken, vom Herd nehmen und 10 Minuten stehen lassen.

2 Inzwischen das Öl in einer großen Pfanne erhitzen. Den Schinken zugeben und 2 Minuten braten. Paprika und Zwiebel zugeben und ca. 3 Minuten braten, dann Knoblauch und Chili zugeben und weitere 2 Minuten braten, bis die Zwiebel glasig ist, nicht bräunen.

3 Die Bohnen unterrühren und alles weitere 1–2 Minuten braten. Die Brühe zugießen und aufkochen. Die Hitze reduzieren und ohne Deckel ca. 10 Minuten köcheln lassen, bis die Brühe verdampft ist und die Paprika weich sind. Abschmecken und eventuell nachwürzen. Beiseite stellen.

4 Eine 1,35-l-Ringform einfetten. Den Reis in die Form geben und die Oberfläche glatt streichen.* Im vorgeheizten Ofen bei 150 °C ca. 10 Minuten erhitzen. Die Bohnen gegebenenfalls aufwärmen, dann Sherryessig und Petersilie unterrühren.

5 Eine große Servierplatte auf die Ringform legen, dann beides umdrehen und auf halbem Weg einmal kräftig an der Form rütteln. Die Form dann vorsichtig entfernen. Die Bohnenmischung in die Mitte des Reises geben.

**Tipp*

Sowohl der Reis als auch die Bohnenmischung können im Voraus zubereitet und über Nacht in den Kühlschrank gestellt werden. Die Reisform mindestens 15 Minuten vor dem Aufwärmen aus dem Kühlschrank nehmen.

# DESSERTS

Das vielleicht typischste Merkmal spanischer Desserts ist, dass es so wenige davon gibt. Im Alltag werden Mahlzeiten daheim mit frischem Obst, cremigem Schafskäse oder einem Becher Joghurt abgeschlossen.

Im Zuge der Besetzung Spaniens durch die Mauren wurden auch exotische Gewürze eingeführt sowie eine Fülle an leckeren Früchten (Aprikosen, Kirschen, Zitrusfrüchte, Feigen, Quitten, Passionfrüchte, Pfirsiche, Pflaumen und Datteln). Die großzügige Verwendung von Mandeln in Desserts und Süßwaren ist ebenfalls ein Vermächtnis der arabischen Küche. Auch die Pochierten Früchte nach Sevilla-Art (Seite 215), die Juwelenbesetzte Honigmousse (Seite 207) und die Datteln mit Marzipanfüllung (Seite 225) zeugen vom Glanz der maurischen Küche.

Der goldfarbene Karamellpudding (Seite 192) bzw. *flan* ist überall beliebt und wird daheim wie im Restaurant aufgetischt. Traditionellerweise ist dies eine überbackene, gehaltvolle Ei-Milch-Mischung. In Valencia, dem Zentrum des spanischen Orangenanbaus, wird allerdings ein Teil der Milch durch Orangensaft ersetzt.

Ein weiteres, landesweit beliebtes Dessert ist *crema catalana*, die katalanische Variante der französischen *crème brûlée* – eine Cremespeise mit einem Hauch Zitrone und einer hauchdünnen Karamellschicht (Seite 195). Kaum jemand könnte dieser kulinarischen Kombination von Cremigkeit und leicht geröstetem Karamellgeschmack widerstehen. (Und ein weiterer Punkt im Streit mit dem benachbarten Frankreich: Spanische Historiker behaupten, dass die Katalanen karamellisierte Zuckerüberzüge schon hunderte von Jahren vor dem Auftauchen der *crème brûlée* in einem französischen Kochbuch entdeckt hätten.)

Einige Desserts aus Kindertagen kommen nie aus der Mode: Sie werden nur wenigen erwachsenen

Spaniern begegnen, die ablehnen, wenn man ihnen Frittiertes Gebäck (Seite 221) oder Gebratene Puddingschnitten (Seite 222) anbietet.

Hausgemachte Eiscreme wird das ganze Jahr über gern genossen. Fangen Sie das frische Aroma der nur kurzen Blutorangenzeit im Frühjahr mit einem Blutorangeneis ein (Seite 204) – dem perfekten Dessert für ein festliches Abendessen. Mandeleiscreme mit heißer Schokoladensauce (Seite 201) ist leicht zuzubereiten und ideal für alle, die kein rohes Eigelb essen möchten. Die heiße Schokoladensauce, die dieses Dessert verfeinert, verleiht auch jedem gekauften Eis eine hausgemachte Note.

Ein Schlager aus dem nördlichen Kantabrien ist der Reispudding (Seite 196), ein vielseitiges Dessert für jede Jahreszeit – im Winter warm mit extra Sahne zum Darübergießen und im Sommer gekühlt mit frischem Obstsalat.

*Fangen Sie das frische Aroma der nur kurzen Blutorangenzeit im Frühjahr mit einem Blutorangeneis ein – dem perfekten Dessert für ein festliches Abendessen.*

In Spanien verweilt man gern noch länger bei einer Tasse Kaffee, und dabei werden die Musikantenbarren (Seite 224) oder die Datteln mit Marzipanfüllung (Seite 225) immer gern als süßer Nachtisch genossen. Musikantenbarren sind sehr knusprige Karamellscheiben mit getrockneten Früchten und gemischten Nüssen, die sich auch gut als schmackhaftes Geschenk für die Gastgeberin beim festlichen Abendessen eignen.

Seite 190/191: *In der trockenen, staubigen Landschaft Zentralspaniens schmoren Weinreben und Oliven förmlich in der Hitze.*

# Spanischer Karamellpudding
## *Flan*

*Dieses Dessert ist vermutlich nicht nur in Spanien selbst am beliebtesten, sondern auch außerhalb Spaniens am bekanntesten. Es steht auf jeder Speisekarte, und in Valencia wird es oft mit Orangensaft zubereitet. Die meisten* flan*-Rezepte verbindet jedoch die Verwendung von zusätzlichem Eigelb, wodurch das Dessert besonders gehaltvoll wird (Sherry-Hersteller klärten ihr Produkt früher mit Hilfe von Eiweiß, weshalb findige Köche besondere Rezepte ersannen, um das übrig bleibende Eigelb zu nutzen).*

**FÜR 6 PERSONEN**

**500 ml Vollmilch**

**1/2 unbehandelte Orange und 2 lange, dünne Zesten der Schale**

**1 Vanilleschote, gespalten, oder 3 Tropfen Vanillearoma**

**175 g Zucker**

**Butter, zum Ausstreichen der Form**

**3 große Eier, plus 2 große Eigelb**

1 Die Milch, Orangenschale und Vanilleschote oder -aroma in einen Topf geben und aufkochen. Vom Herd nehmen und 100 g Zucker unterrühren. Beiseite stellen und mindestens 30 Minuten ziehen lassen.

2 Inzwischen die restlichen 75 g Zucker mit 4 Esslöffeln Wasser in einem anderen Topf auf mittlerer Stufe erhitzen. Umrühren, bis sich der Zucker aufgelöst hat, dann ohne Rühren aufkochen, bis sich der Karamell goldbraun färbt.

3 Den Topf sofort vom Herd nehmen, einige Tropfen Orangensaft auspressen und hineingeben, um ein Weiterkochen zu verhindern. In eine leicht mit Butter ausgestrichene 1,2-l-Souffléform gießen und durch Schwenken auf dem Boden verteilen. Beiseite stellen.

4 Wenn die Milch gezogen hat, den Topf wieder auf den Herd stellen. Die Milch köcheln lassen. Die Eier und die beiden Eigelb in einer feuerfesten Schüssel verquirlen. Die Milch unter ständigem Schlagen unter die Eier mischen. Die Mischung in die Souffléform seihen.

5 Die Souffléform in eine Backform stellen und soviel Wasser zugießen, dass sie bis auf halber Höhe darin steht. Im vorgeheizten Ofen bei 160 °C 75–90 Minuten backen, bis die Masse gestockt ist und an einem in die Mitte gestochenen Messer nichts mehr haften bleibt.

6 Die Souffléform aus der Backform nehmen, beiseite stellen und vollständig abkühlen lassen. Abdecken und über Nacht in den Kühlschrank stellen.

7 Vor dem Servieren mit einem Messer an der Innenwand der Form entlanggehen. Die Form auf einen Teller stürzen und den Inhalt mit einem kräftigen, ruckartigen Schütteln lösen.

*San Sebastián – ein blühendes Kulturzentrum und beliebtes Touristenziel.*

# Katalanische Cremespeise
## *Crema catalana*

*Diese klassische Cremespeise mit ihrem karamellisierten Zuckerüberzug stammt aus Katalonien. Rein vom Aussehen her könnte man sie für eine französische* crème brûlée *halten, von der sie sich unterhalb des karamellisierten, knusprigen Überzugs jedoch unterscheidet: Dieses Dessert wird nämlich nicht im Ofen gebacken und ist daher nicht fest. Bereiten Sie es mindestens 12 Stunden im Voraus zu, damit es im Kühlschrank eindicken kann.*

*Madrid – erfüllt vom klassischen Glanz kunstvoller Säulen und Statuen.*

**FÜR 6 PERSONEN**
**750 ml Vollmilch**
**1 Vanilleschote, gespalten**
**Schale von 1/2 unbehandelten Zitrone, dünn abgeschält**
**7 große Eigelb**
**200 g brauner Zucker**
**3 EL Speisestärke**

1 Die Cremespeise einen Tag vor dem Verzehr zubereiten. Milch, Vanilleschote und Zitronenschale in einem Topf aufkochen, dann vom Herd nehmen und mindestens 30 Minuten stehen bzw. ziehen lassen.

2 Man benötigt eine feuerfeste Schüssel, die sich auf einen Topf setzen lässt, ohne dessen Boden zu berühren. Die Eigelb und 100 g Zucker in die Schüssel geben und schlagen, bis der Zucker aufgelöst und die Mischung dick und cremig ist.

3 Die Milch wieder zum Köcheln bringen. 4 Esslöffel der Milch in einer kleinen Schüssel mit der Speisestärke zu einer glatten Mischung verrühren. Diese in die Milch rühren. Auf mittlerer Stufe 1 Minute umrühren.

4 Die Milch in die Eimischung gießen und gut unterschlagen. Den Topf ausspülen und den Boden mit etwas Wasser bedecken. Dieses auf mittlerer Stufe köcheln lassen. Die Hitze reduzieren, die Schüssel auf den Topf setzen und die Creme 25–30 Minuten durchrühren, bis sie dick genug ist, um einen Löffelrücken zu überziehen. Das Wasser darf dabei den Boden der Schüssel nicht berühren, sonst könnten die Eier stocken.

5 Die Mischung auf sechs runde 10-cm-Keramikschälchen (so genannte *cazuelas*) oder flache, weiße, französische *crème brûlée*-Schälchen verteilen. Vollständig abkühlen lassen, dann abdecken und für mindestens 12 Stunden in den Kühlschrank stellen.

6 Vor dem Servieren jede Portion mit einer dünnen Schicht Zucker bestreuen. In Katalonien karamellisiert man die Oberfläche mit einem speziellen Eisen, das in der Gasflamme erhitzt und dann auf den Zucker gehalten wird. Alternativ können Sie eine Küchen-Lötlampe verwenden. Zum Aushärten des Karamells stehen lassen. Der Karamell bleibt bei Zimmertemperatur ca. 1 Stunde fest. Nicht zurück in den Kühlschrank stellen.

# Reispudding
## *Arroz con leche*

*Einige der gehaltvollsten Molkereiprodukte Spaniens kommen aus dem nördlichen Kantabrien, so überrascht es nicht, dass die regionale Variante dieses beliebten, leckeren Desserts mit großen Mengen Vollmilch zubereitet wird – ein dicker, cremiger Pudding, der warm oder kalt gleichermaßen schmeckt. Man kann ihn vor dem Servieren auch mit braunem Zucker bestreuen bzw. pochierte Früche nach Sevilla-Art (Seite 215) oder gehackte karamellisierte Mandeln (Seite 96) darüber geben.*

**FÜR 4–6 PERSONEN**

**1 große unbehandelte Orange**

**1 unbehandelte Zitrone**

**1 l Milch**

**250 g spanischer Rundkornreis**

**100 g brauner Zucker**

**1 Vanilleschote, gespalten**

**1 Prise Salz**

**125 g Crème double**

**hellbrauner Zucker, zum Servieren (nach Wunsch)**

1 Die Schalen von Zitrone und Orange fein reiben und beseite stellen. Einen gusseisernen Topf mit kaltem Wasser ausspülen und nicht abtrocknen.

2 Milch und Reis in den Topf geben und auf mittlerer bis hoher Stufe aufkochen. Die Hitze reduzieren und Zucker, Vanilleschote, Orangen- und Zitronenschale sowie Salz unterrühren. Unter häufigem Rühren köcheln lassen, bis der Pudding dick und cremig und der Reis gar ist. Dies kann bis zu 30 Minuten dauern – je nachdem, wie breit der Topf ist.

3 Die Vanilleschote entfernen und die Crème double unterrühren. Nach Wunsch mit braunem Zucker bestreuen und sofort servieren oder vollständig abkühlen lassen, abdecken und bis zum Verzehr in den Kühlschrank stellen. (Beim Abkühlen dickt der Pudding ein, daher nötigenfalls noch etwas Milch unterrühren.)

*Prachtvolle Architektur zeugt vom reichen historischen Erbe Spaniens.*

# Schokoladenkuchen

## *Pastel de chocolate*

*Gehaltvolle Schokoladenkuchen wie dieser passen ideal zum zweiten Frühstück. Oft sind am vorderen Ende einer spanischen Bar Kuchen aufgestellt – für Gäste, die hier für eine Tasse Kaffee Halt machen.*

*In Alufolie eingewickelt hält sich dieser Kuchen bis zu 4 Tagen.*

**ERGIBT 10–12 STÜCKE**

**100 g Rosinen**

**Saft und fein geriebene Schale von 1 unbehandelten Orange**

**175 g Butter, gewürfelt, plus etwas mehr zum Ausstreichen der Form**

**100 g Bitterschokolade mit mindestens 70 % Kakaoanteil, zerkleinert**

**4 große Eier, verquirlt**

**100 g brauner Zucker**

**5 Tropfen Vanillearoma**

**55 g Mehl**

**55 g gemahlene Mandeln**

**1/2 TL Backpulver**

**1 Prise Salz**

**55 g abgezogene Mandeln, leicht geröstet und gehackt**

**Puderzucker, durchgesiebt, zum Garnieren**

1 Die Rosinen in eine kleine Schüssel geben, den Orangensaft zugießen und 20 Minuten ziehen lassen. Eine tiefe 25-cm-Springform mit Backpapier ausschlagen und das Papier einfetten. Beiseite stellen.

2 Butter und Schokolade in einem kleinen Topf auf mittlerer Stufe unter Rühren zerlassen. Vom Herd nehmen und zum Abkühlen beiseite stellen.

3 Eier, Zucker und Vanillearoma mit dem elektrischen Mixer ca. 3 Minuten schaumig schlagen. Die abgekühlte Schokoladenmischung unterrühren.

4 Die Rosinen abtropfen lassen, falls sie nicht den gesamten Orangensaft absorbiert haben. Mehl, gemahlene Mandeln, Backpulver und Salz durchsieben, mit Rosinen, Orangenschale und Mandeln zu der Ei-Schokoladen-Mischung geben und alles gut verrühren.

5 Die Mischung in die Springform geben, die Oberfläche glatt streichen. Im vorgeheizten Ofen bei 180 °C ca. 40 Minuten backen, bis an einem in die Mitte gestochenen Holzspießchen nichts haften bleibt und der Kuchen sich vom Rand der Form löst. 10 Minuten in der Form abkühlen lassen, dann herausnehmen und auf einem Kuchengitter vollständig abkühlen lassen. Vor dem Servieren mit Puderzucker bestäuben.

# Mandeleiscreme mit heißer Schokoladensauce



## *Crema de almendras con salsa de chocolate*

**FÜR 4–6 PERSONEN**

**175 g abgezogene Mandeln (Seite 50)**

**300 g Crème double**

**1 Tropfen Mandelaroma**

**150 ml Schlagsahne**

**55 g Puderzucker**

*Heiße Schokolade*

**100 g Bitterschokolade, zerkleinert**

**3 EL Zuckerrübensirup**

**4 EL Wasser**

**25 g Butter, gewürfelt**

**1 Tropfen Vanillearoma**

1 Die abgezogenen Mandeln auf einem Backblech verteilen und im vorgeheizten Ofen bei 200 °C 8–10 Minuten unter gelegentlichem Wenden goldbraun rösten, bis sie ein Röstaroma verströmen. Nach 7 Minuten Acht geben, da sie leicht anbrennen. Sofort auf ein Hackbrett geben und abkühlen lassen. 55 g grob hacken, den Rest fein mahlen und beide Portionen getrennt beiseite stellen.

2 Die Crème double mit dem Mandelaroma schlagen, bis sich weiche Spitzen bilden. Die Schlagsahne unterrühren und weiterschlagen, dabei den Puderzucker in 3 Portionen durch ein Sieb zugeben. Alles in eine Eismaschine umfüllen und gemäß Gebrauchsanweisung einfrieren*. Die fast gefrorene Sahne in eine Schüssel füllen und die gehackten Mandeln gleichmäßig unterrühren.

3 Die Sahnemischung in eine 20-cm-Kastenform geben und die Oberfläche glatt streichen. Fest in Folie einwickeln und für mindestens 3 Stunden in das Gefrierfach stellen.

4 Für die heiße Schokolaensauce eine feuerfeste Schüssel auf einen Topf mit köchelndem Wasser setzen. Schokolade, Sirup und Wasser hineingeben und verrühren, bis die Schokolade schmilzt. Butter und Vanillearoma zugeben und glatt rühren.

5 Vor dem Servieren die Form auswickeln und den Boden für nur einige Sekunden in ein Spülbecken mit etwas kochendem Wasser tauchen. Auf ein Tablett stürzen und die gefrorene Creme mit einem heftigen Ruck lösen. Ihre Oberfläche mittels eines Palettenmessers mit den gemahlenen Mandeln überziehen. Sofort servieren oder zurück in das Gefrierfach stellen.

6 Mit einem warmen Messer in 8–12 Scheiben zerteilen. Auf jedem Teller zwei Scheiben anrichten und die heiße Schokoladensauce ringsum verteilen.

**Tipp*

Wenn Sie keine Eismaschine haben, die Mischung in einen geeigneten Behälter geben und 2 Stunden gefrieren lassen, bis sie eindickt und am Rand fest wird. Dann die Mandeln unterrühren und wie in Schritt 3 fortfahren.

Sauce und Eiscreme können im Voraus zubereitet werden. Die Eiscreme 15 Minuten vor dem Servieren aus dem Gefrierfach nehmen. Die Sauce vorsichtig aufwärmen.

# Schokoladencreme
## *Pudíns de chocolate*

**FÜR 4–6 PERSONEN**

**175 g Bitterschokolade mit mindestens 70 % Kakaogehalt, zerkleinert**
**1 1/2 EL Orangensaft**
**3 EL Wasser**
**25 g Butter, gewürfelt**
**2 Eier, getrennt**
**1/8 EL Weinstein**
**3 EL brauner Zucker**
**6 El Crème double**

*Pistazien-Orangen-Krokant*

**Sonneblumenöl, zum Einfetten**
**55 g brauner Zucker**
**55 g Pistazien, geschält**
**fein geriebene Schale von 1 großen unbehandelten Orange**

1 Die Schokolade zusammen mit Orangensaft und Wasser in einem kleinen Topf auf niedriger Stufe unter ständigem Rühren zerlassen. Vom Herd nehmen und die Butter unterrühren, bis sie geschmolzen und alles gut vermischt ist. Die Mischung mit einem Gummispatel in eine Schüssel umfüllen.

2 Das Eigelb verquirlen und unter die Schokoladenmischung schlagen. Zum Abkühlen beiseite stellen.

3 Das Eiweiß in einer sauberen Schüssel zusammen mit dem Weinstein schlagen, bis sich weiche Spitzen bilden. Den Zucker esslöffelweise zugeben, nach jedem Esslöffel kräftig schlagen, bis sich eine glänzende Baiser-Masse ergibt. Einen Esslöffel davon in die Schokoladenmischung rühren, dann den Rest unterheben.

4 In einer anderen Schüssel die Crème double schlagen, bis sich weiche Spitzen bilden, nicht steif schlagen. Die Schokoladenmischung unterheben. In kleine Glasschälchen bzw. Weingläser oder in eine große Servierschüssel füllen. Mit Frischhaltefolie abdecken und für mindestens 4 Stunden in den Kühlschrank stellen.

5 Inzwischen den Krokant zubereiten. Ein Backblech leicht mit Sonnenblumenöl einfetten und beiseite stellen. Zucker und Pistazien in einem kleinen Topf auf mittlerer Stufe erhitzen. Wenn der Zucker zu schmilzen beginnt, behutsam rühren, bis sich flüssiger Karamell bildet und die Pistazien zu knallen beginnen.

6 Den Krokant auf das Backblech geben und sofort mit der geriebenen Orangenschale bestreuen. Die Masse abkühlen lassen, bis sie fest ist. Nach Wunsch grob hacken oder fein mahlen. Bis zum Gebrauch gut abgeschlossen bei Zimmertemperatur lagern.

7 Die Schokoladencreme kurz vor dem Servieren mit dem Krokant bestreuen.

*Variation*

Der Krokant kann auch mit abgezogenen Mandeln oder Haselnüssen zubereitet werden.

# Blutorangeneis
## *Helado de naranjas de sangre*

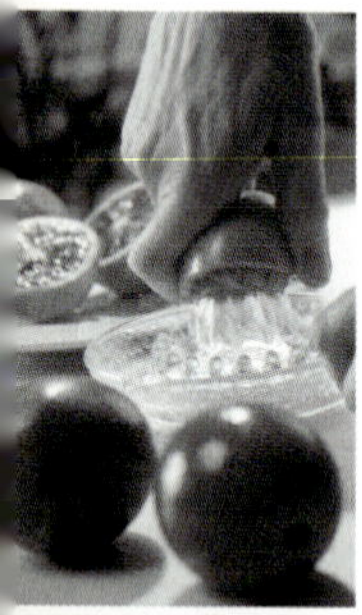

*Zu dieser gehaltvollen Eiscreme passen gut Mandelmakronen (Seite 216).*

**FÜR 4–6 PERSONEN**

**3 große unbehandelte Blutorangen, gewaschen**

**85 ml fettarme Milch**

**85 ml Schlagsahne**

**125 g brauner Zucker**

**4 große Eigelb**

**450 g Crème double**

**1 Tropfen Vanillearoma**

1 2 Orangen in dünnen Zesten abschälen. Einige Streifen zum Garnieren beiseite legen. Die Schale der dritten Orange fein reiben. Die Orangen auspressen und 125 ml Saft beiseite stellen.

2 Milch, Sahne und Orangenschale in einen Topf geben. Aufkochen, dann vom Herd nehmen und mindestens 30 Minuten ziehen lassen.

3 Man benötigt eine feuerfeste Schüssel, die sich auf einen Topf setzen lässt, ohne dessen Boden zu berühren. Zucker und Eigelb hineingeben und cremig schlagen.

4 Die Milchmischung wieder auf den Herd stellen und köcheln lassen. Dann die Milch auf die Eigelb gießen und schlagen, bis alles gut vermischt ist. Den Topf ausspülen und eine kleine Menge Wasser darin auf mittlerer Stufe köcheln lassen. Hitze reduzieren. Die Schüssel auf den Topf stellen und mindestens 20 Minuten rühren, bis die Mischung dick genug ist, um einen Löffelrücken zu überziehen. Das Wasser darf den Boden der Schüssel nicht berühren, sonst könnten die Eier stocken.

5 Die Mischung in eine saubere Schüssel seihen. Die fein geriebene Orangenschale unterrühren und alles 10 Minuten beiseite stellen.

6 Aufbewahrten Saft, Crème double und Vanillearoma unterrühren. In eine Eismaschine umfüllen und gemäß Gebrauchsanweisung gefrieren lassen. (Alternativ die Mischung in einen geeigneten Behälter geben und 2 Stunden in das Gefrierfach stellen, bis sie breiig wird und am Rand gefriert. In eine Schüssel umfüllen und durchrühren, dann wieder einfrieren. Diesen Vorgang noch zweimal wiederholen.) 15 Minuten vor dem Servieren aus dem Gefrierfach nehmen und weich werden lassen. Mit den aufbewahrten Orangenzesten garnieren.

*An den Touristentreffs findet man nicht unbedingt die besten Bars: Folgen Sie lieber den Einheimischen!*

# Zitronensorbet mit Cava

## *Sorbete de limón con cava*

*Sobald dieses Sorbet gefroren ist, haben Sie ein Dessert für das festliche Abendessen. Es behält seinen frischen Geschmack im Gefrierfach bis zu einem Monat.*

**FÜR 4–6 PERSONEN**

**3–4 unbehandelte Zitronen**

**250 ml Wasser**

**200 g brauner Zucker**

**1 Flasche spanischer Cava, gekühlt, zum Servieren**

1 Die Zitronen auf der Arbeitsfläche hin- und herrollen und dabei fest drücken, um so viel Saft wie möglich zu erhalten. Einige Zesten abschälen und zum Garnieren beiseite legen. Die Schalen von 3 Zitronen fein reiben. So viele Zitronen wie nötig auspressen, um 175 ml Saft zu erhalten.

2 Wasser und Zucker in einem gusseisernen Topf auf mittlerer Stufe unter Rühren erhitzen, bis sich der Zucker aufgelöst hat. Aufkochen und 2 Minuten kochen lassen. Vom Herd nehmen, die geriebenen Zitronenschalen zugeben, abdecken und 30 Minuten abkühlen lassen.

3 Wenn die Mischung kalt ist, den Zitronensaft unterrühren. In eine Eismaschine gießen und gemäß Gebrauchsanweisung gefrieren lassen. (Alternativ die Mischung in einen geeigneten Behälter geben und 2 Stunden in das Gefrierfach stellen, bis sie breiig wird und am Rand gefriert. In eine Schüssel umfüllen und durchrühren, dann wieder einfrieren. Diesen Vorgang noch zweimal wiederholen.) 10 Minuten vor dem Servieren aus dem Gefrierfach nehmen.

4 Zum Servieren das Eis in 4–6 hohe Gläser geben und mit der aufbewahrten Schale garnieren. Die Gläser mit Cava auffüllen.

*Variation*

In Spanien serviert man Zitronensorbet auch in gefrorenen, ausgehöhlten Zitronenschalen. Dazu die oberen Enden von 4–6 Zitronen abschneiden und das Fruchtfleisch mit einem scharfen Teelöffel heraustrennen. Das fast gefrorene Sorbet in die Zitronen geben und diese aufrecht stehend im Gefrierfach gefrieren lassen.

# Juwelenbesetzte Honigmousse

## *Mousse de miel adornado*

**FÜR 6 PERSONEN**

**1 großes Ei plus 3 große Eigelb**

**175 g Honig**

**300 g Crème double**

**3 Granatäpfel, zum Servieren**

1 6 Auflaufförmchen mit Frischhaltefolie auslegen, die Folie über den Rand stehen lassen. Beiseite stellen.

2 Das ganze Ei, Eigelb und Honig in eine große Schüssel geben und schaumig schlagen. Die Crème double in einer zweiten Schüssel steif schlagen, dann unter die Ei-Honig-Mischung heben.

3 Die Mischung gleichmäßig auf die Auflaufförmchen verteilen und mit der überstehenden Frischhaltefolie abdecken. Für mindestens 8 Stunden in das Gefrierfach stellen, bis die Mousse fest ist. Sie kann direkt aus dem Gefrierfach serviert werden, da sie nicht hart wird.

4 Zum Servieren die Frischhaltefolie hochfalten und die Formen auf eine Servierplatte stürzen. Auflaufförmchen und Frischhaltefolie entfernen. Die Granatäpfel halbieren und der Reihe nach über die Mousseportionen halten. Mit der freien Hand fest auf das obere Ende der Granatapfelhälfte klopfen, sodass die süßen Kerne auf die Mousse fallen. Sofort servieren.

Seite 208/209: *In vielen spanischen Städten zeigt sich der Einfluss maurischer Architektur.*

HOTEL

# Gebackene Aprikosen mit Honig



## *Albaricoques al horno con miel*

**FÜR 4 PERSONEN**

**Butter, zum Einfetten**

**4 Aprikosen, halbiert und entsteint**

**4 EL Mandeln, gehobelt**

**4 EL Honig**

**1 Prise Ingwer, gemahlen, oder Muskatnuss, gerieben**

**Vanilleeis, zum Servieren (nach Wunsch)**

1 Eine feuerfeste Form, in die alle Aprikosenhälften in einer Lage passen, leicht mit Butter ausstreichen.

2 Die Aprikosenhälften mit den Schnittflächen nach oben in der Form anordnen. Mit Mandeln bestreuen, mit Honig beträufeln und mit dem Gewürz bestäuben.

3 Im vorgeheizten Backofen bei 200 °C 12–15 Minuten backen, bis die Aprikosen weich und die Mandeln goldfarben sind. Aus dem Ofen nehmen und sofort servieren – nach Wunsch mit Eiscreme.

*Spanien verfügt über eine beeindruckende Kirchenarchitektur.*

# Karamellorangen

## *Naranjas de Valencia con caramelo*

*Die riesigen Orangenhaine in und um Valencia versorgen ganz Europa mit saftigen Früchten. Dieses einfache Dessert kann bis zu einem Tag im Voraus zubereitet und bis zum Verzehr im Kühlschrank gelagert werden – als erfrischender Abschluss für eine Mahlzeit, Leckerei für zwischendurch oder um es über Vanille- und Schokoladeneis zu geben.*

**FÜR 4–6 PERSONEN**

**4 große, saftige Orangen**

**250 g brauner Zucker**

**300 ml Wasser**

**4–6 EL Mandeln, gehobelt und geröstet, zum Servieren**

1 Die Orangen über einer feuerfesten Schüssel zum Auffangen des Saftes mit einem kleinen Sägemesser schälen. Die bittere, weiße Haut vollständig entfernen. Mit dem Messer zwischen die Trennwände schneiden und die Spalten herauslösen. Die leere Haut auspressen, um so viel Saft wie möglich zu erhalten, und wegwerfen. Spalten und Saft beiseite stellen.

2 Zucker und 150 ml Wasser in einem kleinen, gusseisernen Topf auf mittlerer Stufe erhitzen. Rühren, bis der Zucker sich auflöst, dann aufkochen. Ohne Rühren kochen lassen, bis sich der Sirup tief goldbraun färbt.

3 Das restliche Wasser in den Topf gießen (zurücktreten, denn der Karamell wird spritzen). Weiterrühren, bis der Karamell aufgelöst ist. Vom Herd nehmen und etwas abkühlen lassen, dann über die Orangen gießen. Orangensaft und Karamell verrühren. Die Orangen vollständig abkühlen lassen, mit Frischhaltefolie abdecken und vor dem Servieren für mindestens 2 Stunden in den Kühlschrank stellen.

4 Die Karamellorangen kurz vor dem Servieren mit den gehobelten und gerösteten Mandeln bestreuen.

# Pochierte Früchte nach Sevilla-Art



## *Frutas escalfadas a la sevillana*

*Der maurische Einfluss auf die spanische Küche zeigt sich besonders in Andalusien, wo man viele Früchte und Gewürze verwendet. Dieses Dessert wird mit weichen, saftigen Aprikosen zubereitet, schmeckt aber mit vielen anderen Baumfrüchten wie Birnen oder Nektarinen genauso köstlich. Früchte und Sirup können für sich oder zu Vanilleeis, Reispudding (Seite 196) oder Frittiertem Gebäck (Seite 221) serviert werden.*

**FÜR 4–6 PERSONEN**

*Sirup*

**1/2 TL Fenchelsamen**
**1/2 TL Koriandersamen**
**1/4 TL schwarze Pfefferkörner**
**200 g brauner Zucker**
**225 ml Rotwein, z. B. Rioja**
**225 ml Wasser**
**3 EL Orangensaft, frisch gepresst**
**2 EL Zitronensaft, frisch gepresst**
**2 EL spanischer Dessert-Sherry**
**3 Gewürznelken**
**1 Zimtstange**

**12 weiche Aprikosen, halbiert und entsteint**
**2 EL Mandeln, gehobelt und geröstet, zum Garnieren**

1 Zuerst den Rotweinsirup zubereiten. Fenchel, Koriandersamen und Pfefferkörner in einer gusseisernen Pfanne auf hoher Stufe erhitzen und maximal 1 Minute trocken anrösten, bis sie zu duften beginnen. Sofort aus dem Topf in einen Mörser geben und leicht zerstoßen.

2 Zucker, Wein, Wasser, Orangen- und Zitronensaft, Sherry sowie alle Gewürze in einem gusseisernen Topf auf mittlerer Stufe unter Rühren erhitzen, bis sich der Zucker aufgelöst hat. Ohne Rühren aufkochen und 5 Minuten sprudelnd kochen lassen.

3 Die Früchte zugeben und 6–8 Minuten köcheln lassen, bis sie weich sind. Den Topf vom Herd nehmen, in eine Schüssel mit Eiswasser stellen und abkühlen lassen. Die Aprikosen herausnehmen und schälen, wenn sie ausreichend abgekühlt sind. Abdecken und bis zum Verzehr in den Kühlschrank stellen.

4 Inzwischen den Sirup wieder auf den Herd stellen und kochen lassen, bis er eindickt und das Aroma konzentrierter wird. Vom Herd nehmen und abkühlen lassen.

5 Die Früchte kurz vor dem Servieren in Schälchen geben, mit dem Sirup übergießen und mit den gehobelten Mandeln bestreuen.

# Mandelmakronen
## *Galletas de almendras*

*In spanischen Märkten jeder Stadt erhält man täglich frische, farbenfrohe Produkte.*

*Gehaltvolle Mandelplätzchen wie diese gibt es zu Ostern, wenn die Feinbäcker Tabletts mit diesen verlockenden Leckereien in ihre Schaufenster stellen.*

**ERGIBT CA. 60 STÜCK**

**150 g Butter, zimmerwarm**

**150 g brauner Zucker**

**115 g Mehl**

**25 g gemahlene Mandeln**

**1 Prise Salz**

**75 g abgezogene Mandeln (Tipp Seite 50), leicht geröstet und fein gehackt**

**fein geriebene Schale von 1 unbehandelten Zitrone**

**4 mittelgroße Eiweiß**

1 Butter und Zucker in eine Schüssel geben und schaumig rühren. Mehl, geriebene Mandeln und Salz durchsieben und samt den Mandelresten im Sieb zugeben. Gehackte Mandeln und Zitronenschale mit einem großen Metalllöffel untermischen.

2 In einer anderen, makellos sauberen Schüssel das Eiweiß schlagen, bis sich weiche Spitzen bilden. Den Eischnee unter die Mandelmischung heben.

3 Die Biskuitmischung in teelöffelgroßen Portionen in ausreichendem Abstand auf ein oder mehrere gut eingefette Backbleche geben. Im vorgeheizten Backofen bei 180 °C 15–20 Minuten backen, bis sich die Ränder goldbraun färben. Auf einem Kuchengitter vollständig abkühlen lassen. Weiterbacken, bis die gesamte Mischung verbraucht ist. In einem luftdichten Behälter bis zu einer Woche aufbewahren.

# Mandeltorte
## *Tarta de Santiago*

*Mandeltorten finden Sie sie in praktisch jedem Café mit Straßenverkauf. Am beliebtesten ist sie wohl in Santiago de Compostela, wo der heilige Jakobus begraben ist. Seine Grabstätte in der Kathedrale wird jährlich von tausenden von Pilgern besucht, die die berühmten Jakobsmuscheln (Kammmuscheln) als Symbol des Heiligen tragen. In dieser Stadt verwendet man silberne Schablonen, um das Kreuz des heiligen Jakobus auf der Puderzuckerschicht der Torten abzubilden, eine gute Alternative bildet eine umgedrehte Kammmuschel. Legen Sie dafür eine saubere Muschelschale in die Mitte der Torte und bestreuen Sie die Oberfläche dick mit Puderzucker. Beim Entfernen der Muschel zeigt sich ihr Umriss.*

**ERGIBT 1 TORTE MIT EINEM DURCHMESSER VON 25 CM**

*Teig*

**280 g Mehl**

**150 g brauner Zucker**

**1 TL fein geriebene Schale von einer unbehandelten Zitrone**

**1 Prise Salz**

**150 g Butter, gekühlt und fein gewürfelt**

**1 mittelgroßes Ei, leicht verquirlt**

**1 EL kaltes Wasser**

**175 g Butter, zimmerwarm**

**175 g brauner Zucker**

**3 große Eier**

**175 g fein gemahlene Mandeln**

**2 TL Mehl**

**1 EL fein geriebene Schale von einer unbehandelten Orange**

**3 Tropfen Mandelaroma**

**Puderzucker, zum Garnieren**

**Crème fraîche (nach Wunsch), zum Servieren**

1 Zuerst den Teig zubereiten. Mehl, Zucker, Zitronenschale und Salz in eine Schüssel geben. Die Butter einarbeiten, bis sich eine bröselige Mischung ergibt. Ei und Wasser verquirlen, dann mit einer Gabel nach und nach unterrühren, bis ein grober Teig entsteht. Daraus einen Ball formen und diesen für 1 Stunde kühl stellen.

2 Den Teig auf einer leicht bemehlten Oberfläche* 3 mm dick ausrollen. Eine eingefettete Obstkuchenform mit dem Teig auslegen. Die Kuchenform noch einmal für mindestens 15 Minuten in den Kühlschrank stellen.

3 Die Teighülle mit Backpapier ausschlagen und mit Backerbsen oder getrockneten Hülsenfrüchten füllen. Im vorgeheizten Ofen bei 220 °C 12 Minuten backen. Backerbsen und Papier entfernen und den Teig für weitere 4 Minuten in den Ofen stellen. Aus dem Ofen nehmen und die Ofentemperatur auf 200 °C senken.

4 Inzwischen die Füllung zubereiten. Butter und Zucker cremig schlagen. Die Eier einzeln untermischen. Mandeln, Mehl, Orangenschale und Mandelaroma zugeben und alles gut vermengen.

5 Die Füllung in die Teighülle geben und die Oberfläche glatt streichen. 30–35 Minuten backen, bis die Oberfläche goldfarben ist und an einer in die Mitte gestochenen Messerspitze nichts haften bleibt. Auf einem Kuchengitter vollständig abkühlen lassen, dann mit Puderzucker bestäuben (siehe Einleitung). Nach Wunsch mit einem Löffel Crème fraîche servieren.

**Tipp*

Wenn das Ausrollen dieses dicken Teigs Probleme bereitet, rollen Sie ihn zwischen zwei Schichten Frischhaltefolie aus. Die obere Schicht danach entfernen, den Teig in die Form wenden und die zweite Schicht abziehen. Alternativ den Teig in kleinen Stücken ausrollen und diese mit leicht bemehlten Fingern zusammensetzen.

# Frittiertes Gebäck



## *Pasteles fritos*

*Ein Leckerbissen für viele Gelegenheiten!*

**ERGIBT 16–20 STÜCK**

**100 g Mehl**

**40 g Butter, zerlassen**

**1 EL spanischer Dessert-Sherry**

**3 Tropfen Vanillearoma**

**1 Prise Salz**

**1 kleines Ei, ganz leicht verquirlt**

**Olivenöl, zum Frittieren**

*Zum Garnieren*

**2 EL Puderzucker**

**1/2 TL Zimtpulver**

**1 Prise Ingwer, gemahlen**

1 Das Mehl in eine Schüssel geben und eine Mulde in die Mitte drücken. Butter, Sherry, Vanillearoma, Salz und 1 Esslöffel Ei zugeben. Alles zu einem Teig verarbeiten. Daraus einen Ball formen, diesen in Frischhaltefolie wickeln und 15 Minuten liegen lassen.

2 Die Hälfte des Teigs ganz dünn auf einer leicht bemehlten Oberfläche ausrollen. Mit einem geriffelten 5,5-cm-Ausstechförmchen 8–10 Kreise ausstechen. Die Teigreste von neuem ausrollen. Mit dem restlichen Teig ebenso verfahren.

3 Auf hoher Stufe 5 cm hoch Öl in einer gusseisernen Pfanne auf auf 180 °C erhitzen, bis ein Brotwürfel vom Vortag darin in 35 Sekunden gebräunt wird.
5–6 Teigkreise in ausreichendem Abstand hineingeben und 45 Sekunden frittieren. Mit einem großen Schaumlöffel wenden und weiter frittieren, bis sie auf beiden Seiten goldbraun sind. Auf zerknülltes Küchenpapier geben und gut abtropfen lassen – Vorsicht: Die Teigkreise sind empfindlich und können leicht brechen.
Mit den restlichen Teigkreisen ebenso verfahren.

4 Während das Gebäck noch heiß ist, Puderzucker, Zimt und Ingwer mischen. Die Mischung durch ein feines Sieb auf das warme Gebäck sieben. Es hält sich luftdicht abgeschlossen bis zu 3 Tagen.

# Gebratene Puddingschnitten
## *Leche frita*

**ERGIBT CA. 25 STÜCK**

**Erdnussöl oder ein anderes geschmacksneutrales Öl**

**600 ml Vollmilch**

**1 Zimtstange**

**1 Schalenstreifen ohne weiße Haut von einer unbehandelten Zitrone**

**2 große Eier plus 1 großes Eigelb**

**100 g brauner Zucker**

**55 g Mehl plus etwas mehr, zum Bestäuben**

**35 g Speisestärke**

**5 Tropfen Vanillearoma**

**Olivenöl**

**Zucker und Zimt, zum Garnieren**

1 Ein 30 x 23 cm großes Backblech mit Alufolie auslegen und leicht mit Öl einfetten. Beiseite stellen.

2 Milch, Zimtstange und Zitronenschale in einen Topf geben, aufkochen und vom Herd nehmen. Beiseite stellen und mindestens 30 Minuten ziehen lassen.

3 Eier, Eigelb, Zucker, Mehl, Speisestärke und Vanillearoma in eine Schüssel geben und zu einer glatten Masse verarbeiten.

4 Die Milchmischung zurück auf den Herd stellen und köcheln lassen. Die Milch unter die Eiermasse schlagen, bis alles gut vermischt ist. Die Mischung in den Topf zurückgießen und unter Rühren aufkochen, Hitze reduzieren und dann 2–3 Minuten köcheln lassen, bis die Masse eindickt und sich vom Topfrand löst.

5 Den Pudding auf das vorbereitete Backblech gießen und mit einem feuchten Spatel glatt streichen. Vollständig abkühlen lassen, dann abdecken und für 2–3 Stunden in den Kühlschrank stellen.

6 Den Pudding auf ein Hackbrett stürzen und die Folie abziehen. So schneiden, dass sich 25 Dreiecke (plus Randstücke) ergeben. Die Stücke mit Mehl bestäuben.

7 5 cm hoch Öl in einer gusseisernen Pfanne auf hoher Stufe auf 180 °C erhitzen, bis ein Brotwürfel vom Vortag in 35 Sekunden darin gebräunt wird. Jeweils 5–6 Dreiecke hineingeben und 45 Sekunden frittieren. Mit einem Schaumlöffel wenden und goldbraun frittieren. Auf zerknülltem Küchenpapier abtropfen lassen. Mit den restlichen Dreiecken ebenso verfahren. Mit Zucker und Zimt bestreuen und servieren.

*Trotz ihres modernen Lebensstils haben sich die spanischen Städter ihre Liebe zur regionalen Küche bewahrt.*

# Musikantenbarren
## *De musico*

*Der Name dieser knackigen Barren mit Früchten und Nüssen rührt aus der Zeit her, als noch Musikertruppen durch Spanien zogen, um bei Festen und Hochzeiten aufzutreten. Ihr magerer Lohn war vielleicht eine Mahlzeit, ein Bett für die Nacht oder was es an Trockenobst und Früchten gab, um sich während der Reise des kommenden Tages zu ernähren. Aus dem Grund werden heute alle Torten oder Karamellstücke mit einem Überzug aus Früchten und Nüssen* de musico *(vom Musiker) genannt.*

**ERGIBT 3 BARREN, JEDER BARREN FÜR 4–6 PERSONEN**

**500 g brauner Zucker**

**150 ml Wasser**

**1/8 TL Weißweinessig**

**Erdnussöl oder ein anderes geschmacksneutrales Öl, zum Einfetten**

**300 g gemischte Nüsse, z. B. abgezogene oder nicht abgezogene Mandeln, gehobelte Mandeln, abgezogene Haselnüsse, gesalzene oder ungesalzene abgezogene Erdnüsse und gesalzene oder ungesalzene Pekannüsse**

**100 g Rosinen**

**55 g getrocknete Aprikosen, Feigen oder Datteln, sehr fein gehackt**

**55 g Pinienkerne**

1 Zucker, Wasser und Essig in einem gusseisernen Topf auf mittlerer Stufe erhitzen. Rühren, bis sich der Zucker auflöst, aufkochen und dann ohne Rühren 20–25 Minuten kochen lassen, bis der Karamell laut Zuckerthermometer 175 °C heiß ist oder sich dunkelbernsteinfarben färbt.

2 Inzwischen eine 30 x 23 cm große Backform und ein großes Messer großzügig mit dem Öl einfetten. Beides beiseite legen. Nüsse und Früchte in eine Schüssel geben.

3 Nüsse und Früchte unter den bernsteinfarbenen Karamell mischen und alles sofort in die vorbereitete Backform gießen. Dabei sehr schnell arbeiten und die Mischung mit einem feuchten Spatel gleichmäßig verteilen.

4 Den Karamell einige Minuten fest werden lassen (aber nicht zu hart zum Schneiden) und dann auf ein Blatt eingefettetes Backpapier stürzen. Mit dem eingeölten Messer in drei Stücke à 10 cm x 23 cm schneiden. Abkühlen lassen, bis die Masse hart ist, dann in Alufolie wickeln und bis zu einer Woche lagern.

# Datteln mit Marzipanfüllung



## *Dátiles rellenos de melindres*

*In Elche in der Nähe von Alicante an der Costa Blanca stehen bereits seit 3000 Jahren Dattelpalmen – so wundert es nicht, dass im Zeichen des maurischen Einflusses Datteln und Marzipan kombiniert wurden. Spanisches Marzipan unterscheidet sich von unserem darin, dass es kein Eiweiß enthält. Es gibt zudem fast unbegrenzte Möglichkeiten der Verfeinerung: mit fein geriebener Orangen- oder Zitronenschale bzw. fein gehackten kandierten Früchten oder Pistazien.*

**ERGIBT 12–14 STÜCK**

*Spanisches Marzipan*

**70 g Puderzucker, plus etwas mehr, zum Bestäuben**

**70 g gemahlene Mandeln**

**1 Tropfen Mandelaroma**

**12–14 getrocknete Datteln**

1 Für das spanische Marzipan den Puderzucker durchsieben und in einer Schüssel mit den Mandeln vermengen. Das Mandelaroma zugeben. Nach und nach etwas Wasser zugeben (jeweils 1/2 Teelöffel), bis sich die Zutaten verbinden und zu einem Ball formen lassen.

2 Das Marzipan erst in den Händen, dann auf einer leicht mit Puderzucker bestäubten Oberfläche glatt kneten. Es kann sofort verwendet oder bis zu 3 Tagen in Frischhaltefolie eingewickelt gekühlt gelagert werden.

3 Zum Füllen der Datteln diese längs aufschneiden, öffnen und den Stein entfernen. Ein kleines Stück Marzipan abbrechen, zurechtformen und in die Dattel pressen. Die Datteln auf einem Teller anrichten und zum Kaffee nach dem Essen reichen.

# BEILAGEN & GETRÄNKE

# Schlichtheit ist ein wichtiges Merkmal der spanischen Küche. Komplizierte Saucen sind dagegen eher die Ausnahme.

Die katalanische Romesco-Sauce (Seite 233) mit gerösteten Mandeln, Tomaten und getrockneten Chillies kann zu gegrillten oder gebackenen Meeresfrüchten und Fisch gereicht werden. Ursprünglich lieferte sie jedoch nur die Grundlage für einen bunten Eintopf mit Meeresfrüchten aus der Küstenstadt Tarragona. (Man kann mit ihr sogar ein Brathähnchen oder gegrillte Schweinekoteletts aufpeppen.)

Zur Tapa „Runzlige" Kartoffeln (Seite 84/85) reicht man auf den kanarischen Inseln die hellrote, aus scharfen spanischen Pfefferschoten und *pimientos del piquillo* zubereitete *mojo rojo*-Sauce, die genauso gut zu Fleischklößchen (Seite 77) passt. Ihre grüne Variante, *mojo verde*, ist mit Koriander aromatisiert.

Die pikante Knoblauchmayonnaise *allioli* dagegen ist bereits sehr alt, und spanische Historiker sehen in ihr den Vorläufer der französischen Mayonnaise. Die Bedeutung ihres Namens ist „Knoblauch und Öl". Ihre Schärfe hängt davon ab, wie viele Knoblauchzehen man verwendet – und damit vom persönlichen Geschmack. In ihrer heutigen Form unterscheidet sie sich kaum vom *aïoli* aus der französischen Provence; ursprünglich bestand sie in Spanien jedoch nur aus zerdrücktem Knoblauch, unter den tropfenweise Olivenöl geschlagen wurde, bis sich eine cremige Masse bildete. Leider ist diese Technik recht schwierig, weshalb bei der modernen Variante fast immer Eigelb zugesetzt wird, das sie dicker und haltbarer macht.

*Allioli* lässt sich auch daheim schnell und einfach zubereiten (Seite 232), dennoch machen es sich viele spanische Köche einfacher und besorgen sich eine der zahlreich im Supermarkt erhältlichen Sorten. (Selbst zubereitetes *allioli* in einem geschlossenen Behälter lagern und innerhalb von 3 Tagen verbrauchen.)

Das Bratkartoffel-Rezept (Seite 247) vereint die Vorliebe der Spanier für Gebratenes mit ihrer Liebe zur Kartoffel, die in den verschiedenen Regionen in immer neuem Gewand auftaucht. Sie ist eine typisch spanische Beilage zu gegrilltem Fleisch, Meeresfrüchten oder Geflügelgerichten.

Reis wird wie Gemüse in Spanien nur selten als Beilage serviert. Dieses Kapitel enthält jedoch mehrere Rezepte, um die Gestaltung des Menüs in anderen Ländern zu erleichtern. Artischockenherzen mit Erbsen (Seite 248) ist schon fast eine vollständige Mahlzeit. Sherryreis (Seite 243) ist eine raffinierte Beilage zu Kalbs- oder Schweinebraten – oder auch zu Kalbfleisch mit Gemüse-Escabeche (Seite 139). Das Rezept für Safranreis mit Grüngemüse (Seite 244) kann sogar aus einem einfachen, gegrillten Lammkotelett eine richtige Mahlzeit machen.

*Probieren Sie bei glühender Hitze eiskaltes Zitronenwasser – sein leicht bitterer Geschmack erfrischt mehr als süße Limonade.*

Probieren Sie bei glühender Hitze eiskaltes Zitronenwasser (Seite 252) – sein leicht bitterer Geschmack erfrischt mehr als süße Limonade. Und der Klassiker Sangria (Seite 253) – das Lieblingsgetränk der Spanier beim sommerlichen Umtrunk – bietet die Möglichkeit, vollmundige spanische Rotweine und sonnengereifte Früchte zugleich in hohen, kühlen Gläsern zu genießen.

# Knoblauchmayonnaise
## *Allioli*

*Eine der klassischen Zutaten der katalanischen Küche. Sie wird oft zu frittierten Meeresfrüchten und Tapas als Dip gereicht, passt aber auch ausgezeichnet zu jungem Frühlingsgemüse. (Jungen Spargel, kleine Karotten und Frühkartoffeln in getrennten Töpfen mit leicht gesalzenem Wasser bissfest kochen; abtropfen lassen und mit eiskaltem Wasser abschrecken, um ein Weitergaren zu verhindern, dann trockentupfen. Auf jedem Teller eine Gemüsekombination anrichten, mit Salz und Pfeffer würzen und etwas* allioli *dazugeben.)*

*Ursprünglich unterschied sich diese spanische Sauce deutlich vom französischen* aïoli, *da sie kein Eigelb enthielt. Diese alte Variante war jedoch schwierig zuzubereiten, weshalb heute kein echter Unterschied mehr zwischen den beiden Arten von Knoblauchmayonnaise besteht.*

**ERGIBT CA. 350 ML**

**3–4 große Knoblauchzehen, oder nach Geschmack**

**Meersalz**

**2 große Eigelb**

**1 TL Zitronensaft**

**300 ml Natives Olivenöl extra**

**Salz und Pfeffer**

1 Die Knoblauchzehen mit einer Prise Meersalz in der Küchenmaschine zu einer Paste verarbeiten. Eigelb und Zitronensaft zugeben und durchmixen.

2 Bei laufender Maschine langsam das Olivenöl zugießen, bis alles gut vermengt ist und die Sauce eindickt. Abschmecken, abdecken und bis zu 3 Tagen im Kühlschrank aufbewahren.

*Variation: Knoblauch-Safran-Sauce*
Eine große Messerspitze Safranfäden 10 Minuten lang in 2 Esslöffeln heißem Wasser einweichen, dann das Safranwasser nach dem Eindicken zu der Sauce geben.

# Romesco-Sauce



## *Romesco*

*Diese katalanische Tomatensauce wird üblicherweise zu Fisch und Schalentieren gereicht, eignet sich aber auch ideal dazu, Hühner-, Schweine- oder Lammfleisch einen spanischen Touch zu verleihen. In den Originalrezepten werden getrocknete romesco-Chillies verwendet, die zugleich süß und scharf sind. Unglücklicherweise sind diese aber nur vor Ort erhältlich, weshalb dieses Rezept getrocknete ñora-Chillies (eine andere süße Sorte) und scharfe Chillies kombiniert.*

**ERGIBT CA. 300 ML**

**4 große, reife Tomaten**

**16 abgezogene Mandeln (Seite 50)**

**3 große Knoblauchzehen, ganz und ungeschält**

**1 getrocknete süße Chilischote, z. B. ñora, 20 Minuten eingeweicht und trockengetupft**

**4 getrocknete rote Chillies, 20 Minuten eingeweicht und trockengetupft**

**1 Prise Zucker**

**150 ml Natives Olivenöl extra**

**2 EL Rotweinessig**

**Salz und Pfeffer**

1 Tomaten, Mandeln und Knoblauch auf ein Backblech geben und im vorgeheizten Ofen bei 180 °C 20 Minuten backen. Die Mandeln nach 7 Minuten kontrollieren, da sie schnell anbrennen. Herausnehmen, sobald sie goldfarben sind und ein Röstaroma verströmen.

2 Gerösteten Knoblauch und Tomaten schälen bzw. enthäuten. Mandeln, Knoblauch, süße Chili und getrocknete rote Chillies in der Küchenmaschine fein hacken. Tomaten und Zucker zugeben und untermixen.

3 Bei laufender Maschine langsam das Olivenöl zugießen. 1 1/2 Esslöffel Essig zugeben und untermixen. Abschmecken und nach Wunsch mehr Essig zugeben, mit Salz und Pfeffer nach Geschmack würzen.

4 Mindestens 2 Stunden stehen lassen, dann zimmerwarm servieren. Alternativ abdecken und für bis zu 3 Tagen im Kühlschrank aufbewahren. Vor dem Servieren zimmerwarm werden lassen und verrühren.

# Gemischtes Gemüse



## *Pisto*

*Wie eine ratatouille aus dem Nachbarland Frankreich schmeckt auch dieses Gericht am besten im Sommer, wenn der Gemüsegarten am meisten hergibt. In Spanien serviert man es oft gekühlt – als schmackhaften Salat oder Tapa auf dicken Brotscheiben. Heiß ist es die ideale Beilage für gegrillte Hähnchenbrustfilets oder Steaks.*

*Da die Gemüse getrennt gekocht werden, behalten sie ihren jeweiligen Eigengeschmack.*

**FÜR 4–6 PERSONEN**

**125 ml Olivenöl**

**2 große Zwiebeln, in dünne Ringe geschnitten**

**4 große Knoblauchzehen, zerdrückt**

**300 g Auberginen, in 1 cm große Würfel geschnitten**

**300 g gelbe oder grüne Zucchini, in 1 cm große Würfel geschnitten**

**1 große rote Paprika, entkernt und gehackt**

**1 große gelbe Paprika, entkernt und gehackt**

**1 große grüne Paprika, entkernt und gehackt**

**2 Zweige frischer Thymian**

**1 Lorbeerblatt**

**1 kleiner Zweig junger Rosmarin**

**100 ml Gemüsebrühe**

**Salz und Pfeffer**

**450 g große, saftige Tomaten, enthäutet (Tipp Seite 63), entkernt und gehackt**

1 Ca. 2 Esslöffel Öl in einer großen, feuerfesten Kasserolle auf mittlerer Stufe erhitzen. Die Zwiebeln hineingeben und unter gelegentlichem Rühren ca. 5 Minuten braten, bis sie glasig werden, nicht bräunen. Den Knoblauch zugeben und verrühren. Die Hitze auf die niedrigste Stufe reduzieren.

2 Inzwischen eine Pfanne auf hoher Stufe erhitzen, bis man die aufsteigende Wärme spürt. 1 Esslöffel Öl und die Auberginenwürfel in einer Lage zugeben. Unter Rühren braten, bis sie rundum leicht gebräunt sind. Zu den Zwiebeln in der Kasserolle geben.

3 Einen weiteren Esslöffel Öl in die Pfanne geben. Die Zucchini hineingeben und unter Rühren braten, bis sie rundum leicht gebräunt sind, dann in die Kasserolle geben. Auf dieselbe Weise die Paprika braten und in die Kasserolle geben.

4 Thymian, Lorbeerblatt, Rosmarin, Brühe sowie Salz und Pfeffer nach Geschmack unterrühren und alles aufkochen. Die Hitze auf niedrigste Stufe reduzieren, abdecken und unter gelegentlichem Rühren ca. 20 Minuten köcheln lassen, bis das Gemüse ganz zart ist.

5 Die Kasserolle vom Herd nehmen und die Tomaten unterrühren. Abdecken und für 10 Minuten beiseite stellen, damit die Tomaten weich werden. Der *pisto* kann jetzt serviert werden, schmeckt aber noch besser, wenn man ihn vollständig abkühlen lässt und am nächsten Tag gekühlt serviert.

# Tomaten-Paprika-Sauce

## *Salsa de tomates y pimientos*

*Der Charakter dieser einfachen, universell verwendbaren Sauce hängt in hohem Maße davon ab, wie viel Orangenschale man zugibt. Große Streifen Orangenschale z. B. „heben" ihr Aroma im Winter, wenn die frischen Tomaten eher fade schmecken.*

**ERGIBT CA. 700 ML**

**4 EL Olivenöl**

**10 große Knoblauchzehen**

**140 g Schalotten, gehackt**

**4 große rote Paprika, entkernt und gehackt**

**1 kg aromatische, reife, frische Tomaten, gehackt, oder 1,2 kg hochwertige Tomaten aus der Dose**

**2 dünne Streifen Orangenschale, frisch abgeschält**

**1 Prise scharfes Chilipulver, nach Geschmack**

**Salz und Pfeffer**

1 Das Olivenöl in einer großen, feuerfesten Kasserolle auf mittlerer Stufe erhitzen. Knoblauch, Schalotten und Paprika hineingeben und unter gelegentlichem Rühren ca. 10 Minuten braten, bis die Paprika weich, aber nicht gebräunt sind.

2 Tomaten (bei Dosenware samt Saft), Orangenschale, Chilipulver (falls verwendet) sowie Salz und Pfeffer nach Geschmack zugeben und aufkochen. Die Hitze auf niedrigste Stufe reduzieren und ohne Deckel 45 Minuten köcheln lassen, bis die Flüssigkeit verdampft ist und die Sauce eindickt.

3 Die Sauce in der Küchenmaschine pürieren und dann mit einem Holzlöffel durch ein Sieb streichen. Abschmecken und nötigenfalls nachwürzen. Sofort verwenden oder abgedeckt bis zu 3 Tagen im Kühlschrank lagern.

*Monteagudo in der Provinz Murcia, wo auf bewässerten Anbauflächen große Mengen Reis, Gemüse und Obst für den spanischen Esstisch wachsen.*

# Spinat mit Kichererbsen



## *Espinacas con garbanzos*

*Kichererbsen werden in andalusischen Gerichten seit Jahrhunderten verwendet, und die spanischen Konquistadoren verbreiteten diese gehaltvolle, nussige Hülsenfrucht auf ihren langen Entdeckungsreisen in die Neue Welt. Die Verwendung von Kreuzkümmel, Cayenne-Pfeffer und Kurkuma in diesem Rezept zeugt vom nordafrikanischen bzw. maurischen Einfluss in der spanischen Küche. Servieren Sie dieses Gericht zu gebratenem oder gegrilltem Fleisch oder als vegetarische Speise.*

**FÜR 4–6 PERSONEN**

**2 EL Olivenöl**

**1 große Knoblauchzehe, halbiert**

**1 mittelgroße Zwiebel, fein gehackt**

**1/2 TL Kreuzkümmel**

**1 Prise Cayenne-Pfeffer**

**1 Prise Kurkuma**

**800 g Kichererbsen aus der Dose, abgespült und abgetropft**

**500 g junge Spinatblätter, abgetropft**

**2 *pimientos del piquillo* (Tipp Seite 67), abgetropft und in Streifen geschnitten**

**Salz und Pfeffer**

1 Das Öl in einer großen, abdeckbaren Pfanne auf mittlerer Stufe erhitzen. Den Knoblauch hineingeben und in 2 Minuten golden braten, nicht bräunen. Mit einem Schaumlöffel herausnehmen und wegwerfen.

2 Zwiebel, Kreuzkümmel, Cayenne-Pfeffer und Kurkuma zugeben und unter Rühren in ca. 5 Minuten weich braten. Die Kichererbsen zugeben und verrühren, bis sie leicht die Farbe von Kurkuma und Cayenne-Pfeffer angenommen haben.

3 Die Spinatblätter unterrühren. Abdecken und 4–5 Minuten garen, bis der Spinat zusammengefallen ist. Die *pimientos del piquillo* unterrühren und ohne Deckel unter vorsichtigem Rühren weiter garen, bis die Flüssigkeit verdampft ist. Abschmecken und servieren.

Seite 240/241: *Der Markt im Freien bietet nicht nur eine breite Auswahl an Frischobst und Gemüse, sondern sagt auch viel über die Ess- und Alltagskultur der Region aus.*

Chiruca
EL ESCOBAR

CRUSTACEOS
Cangrexo real 10 cm.
Centola 12 cm.
Nécora 4,5 cm.
Percebe 4 cm.
Santiaguiño 9 cm.
Boi 8 cm.
Langosta 25 cm.
Lubrigante 25 cm.
Cigala 7 cm.
Camarón 3 cm.
Cangrexo 3.5 cm
Conguito 3.5 cm
Patulate 3.5 cm
XUNTA
MENO FRUITS,
PASTELERIA
EL ESCOBAR

# Sherryreis



## *Arroz al jerez*

*Eine ausgezeichnete Beilage zu gebratenem Kalb, Schwein oder Huhn.*

**FÜR 4–6 PERSONEN**
**2 EL Olivenöl**
**1 große Zwiebel, fein gehackt**
**1 große Knoblauchzehe, zerdrückt**
**400 g spanischer Rundkornreis**
**225 ml Amontillado-Sherry**
**1 l frische Hühnerbrühe, erhitzt***
**1 Prise Cayenne-Pfeffer**
**Salz und Pfeffer**

1 Das Öl in einer flachen, feuerfesten Kasserolle erhitzen. Die Zwiebel hineingeben und ca. 3 Minuten braten, dann den Knoblauch zugeben und weitere 2 Minuten braten, bis die Zwiebel glasig ist, nicht bräunen.

2 Den Reis unter fließend kaltem Wasser abspülen, bis das Wasser klar bleibt. Abtropfen, in die Kasserolle geben und umrühren, bis er mit Öl überzogen ist. Den Sherry bis auf 2 Esslöffel zugeben und kurz köcheln lassen. Brühe, Cayenne-Pfeffer sowie Salz und Pfeffer nach Geschmack zugeben und aufkochen. Die Hitze reduzieren und 20 Minuten ohne Deckel und ohne Rühren köcheln lassen, bis der größte Teil der Brühe absorbiert ist.

3 Die Herdplatte abschalten. Den Reis mit dem restlichen Sherry beträufeln und abgedeckt 10 Minuten stehen lassen, bis die gesamte Flüssigkeit absorbiert ist.

*Variation: Safran-Sherry-Reis*
Die Brühe in einem kleinen Topf aufkochen, 1 Messerspitze Safranfäden zugeben und mindestens 10 Minuten ziehen lassen. Dem Rezept gemäß verfahren und in Schritt 2 die Brühe mit Safran-Aroma zugeben.

**Tipp*
Verwenden Sie auf keinen Fall Brühwürfel, da die daraus gemachte Brühe eher salzig ist und den köstlichen Geschmack des Gerichts überdecken würde.

*Viele Burgen zeugen von Spaniens ruhmreicher Geschichte.*

# Safranreis mit Grüngemüse
## *Arroz azafranado con verduras*

**FÜR 4–6 PERSONEN**

**1 große Msp. Safranfäden**

**1,2 l Gemüsebrühe, erhitzt**

**2 EL Natives Olivenöl extra**

**1 große Zwiebel, fein gehackt**

**1 große Knoblauchzehe, zerdrückt**

**400 g spanischer Rundkornreis**

**100 g dünne grüne Bohnen, gehackt**

**Salz und Pfeffer**

**100 g Erbsen, Tiefkühlware**

**glatte Petersilie, zum Garnieren**

*Madrid ist bei Tag und bei Nacht gleichermaßen bunt und schillernd.*

1 Die Safranfäden in einer feuerfesten Schüssel mit der Gemüsebrühe übergießen. Beiseite stellen und ziehen lassen.

2 Inzwischen das Öl in einer flachen, gusseisernen, feuerfesten Kasserolle auf mittlerer Stufe erhitzen. Die Zwiebel hineingeben und ca. 3 Minuten braten, dann den Knoblauch zugeben und weitere 2 Minuten braten, bis die Zwiebel glasig ist, nicht bräunen.

3 Den Reis unter fließend kaltem Wasser abspülen, bis das Wasser klar bleibt. Abtropfen lassen, dann mit den Bohnen in die Kasserolle geben und verrühren, bis alles mit Öl überzogen ist. Brühe sowie Salz und Pfeffer nach Geschmack zugeben und aufkochen. Die Hitze reduzieren und alles 12 Minuten ohne Deckel und ohne Rühren köcheln lassen.

4 Die Erbsen vorsichtig unterrühren und weitere 8 Minuten köcheln lassen, bis die Flüssigkeit absorbiert ist und Bohnen sowie Erbsen weich sind. Abschmecken und eventuell nachwürzen. Mit der Petersilie garnieren.

# Bratkartoffeln



## *Fritas*

*Kartoffeln werden in Spanien gern auf diese Weise zubereitet und als Beilage zu Fleisch oder Geflügel oder als Feurige Kartoffeln (Seite 86) serviert.*

**FÜR 6 PERSONEN**

**1 kg Kartoffeln, ungeschält**

**Olivenöl**

**Meersalz**

1 Die Kartoffeln unter Wasser bürsten, trockentupfen und in große Stücke schneiden.

2 In einer von zwei gusseisernen Pfannen 1 cm hoch Öl mit einem Kartoffelstück auf mittlerer Stufe erhitzen, bis das Kartoffelstück zu zischen beginnt. Die restlichen Kartoffeln zugeben – die Pfannen dürfen jedoch nicht zu voll sein – und in ca. 15 Minuten rundum goldbraun und weich braten. Nötigenfalls portionsweise arbeiten und die gegarten Kartoffeln warm halten, während der Rest gebraten wird.

3 Die Kartoffeln mit einem Schaumlöffel auf eine Platte mit zerknülltem Küchenpapier geben. Überschüssiges Öl entfernen und mit Meersalz bestreuen. Sofort servieren.

*Variation: Knoblauch-Bratkartoffeln*

6 große Knoblauchzehen klein schneiden. Zu den Kartoffeln in die Pfanne geben, aber nur solange braten, bis sie sich braun färben. Mit einem Schaumlöffel entfernen. Wenn sie anbrennen, schmeckt das Öl verbrannt. Alternativ die Kartoffeln in Öl mit Knoblaucharoma braten.

*Ein grimmiger Löwe thront inmitten der Denkmäler von Madrid.*

# Artischockenherzen mit Erbsen
## *Alcachofas y guisantes*

*Zum Glanze von Madrid tragen neben den Bauwerken auch die schönen Brunnen bei.*

*Eine ideale Beilage zu gebratenem Geflügel und zugleich ein leckeres, leichtes Mittagessen.*

**FÜR 4–6 PERSONEN**

**4 EL Natives Olivenöl extra**

**2 Zwiebeln, in dünne Ringe geschnitten**

**1 große Knoblauchzehe, zerdrückt**

**280 g in Öl eingelegte Artischockenherzen aus der Dose, abgetropft und halbiert**

**200 g Erbsen**

**2 rote Paprika, gegrillt, entkernt (Tipp Seite 74) und in Streifen geschnitten**

**2 dünne Scheiben Serrano- oder Prosciutto-Schinken, gehackt (nach Wunsch)**

**6 EL fein gehackte frische Petersilie**

**Saft von 1/2 Zitrone**

**Salz und Pfeffer**

1 Das Öl in einer feuerfesten Kasserolle auf mittlerer Stufe erhitzen. Die Zwiebeln hineingeben und unter Rühren 3 Minuten braten, den Knoblauch zugeben und weitere 2 Minuten braten, bis die Zwiebel glasig ist, nicht bräunen.

2 Die Artischockenherzen und frischen Erbsen zugeben. Mit Wasser bedecken und aufkochen, dann die Hitze reduzieren und 5 Minuten ohne Deckel köcheln lassen, bis die Erbsen gar sind.

3 Paprikastreifen und Schinken zugeben. So lange weiterköcheln lassen, bis alles erhitzt ist. Petersilie nach Geschmack unterrühren Abschmecken, dabei den Salzgehalt des Schinkens berücksichtigen. Sofort servieren oder auf Zimmertemperatur abkühlen lassen.

# Heiße Schokolade



## *Chocolate*

*Spanier mögen ihre heiße Schokolade so dickflüssig, dass man sie fast schon mit dem Löffel essen muss – ideal als Dip für* churros *oder frittiertes Gebäck (Seite 221) und ein echter Genuss zum Frühstück. Schon eine kleine Menge von diesem Getränk hält lange vor, da es so gehaltvoll ist.*

**FÜR 4–6 PERSONEN**

**100 g Bitterschokolade mit mindestens 70 % Kakaoanteil, zerkleinert**

**600 ml Milch**

**115 g Zucker**

**3 1/2 EL Speisestärke**

**5 Tropfen Vanillearoma**

**1 Prise Salz**

1 Die Schokolade unter ständigem Rühren auf mittlerer Stufe in einem Topf mit der Milch zerlassen. Den Zucker zugeben und weiterrühren, bis er sich aufgelöst hat.

2 Die Speisestärke in eine kleine Schüssel geben und eine Mulde in die Mitte drücken. 2 Esslöffel der heißen Flüssigkeit hineingeben und die Speisestärke damit nach und nach zu einer dicken, glatten Paste verrühren. Dann weitere 2 Esslöffel der heißen Flüssigkeit unterrühren.

3 Die Speisestärke-Mischung in die Flüssigkeit im Topf einrühren und unter Rühren köcheln lassen. Dann richtig aufkochen und weiterrühren, bis die Schokolade eindickt. In Kaffeetassen gießen und servieren.

*Am Glockenturm erkennt der Reisende auf seinem beschwerlichen Weg die nahe Siedlung.*

# Zitronenwasser
## *Agua limón*

**ERGIBT 4–6 GLÄSER**

**8 große unbehandelte Zitronen**

**200 g Zucker, plus etwas mehr, nach Geschmack**

**700 ml kochendes Wasser**

1 Den Saft von 7 Zitronen in eine große, feuerfeste Schüssel auspressen. Alle Kerne entfernen und die Schale fein reiben. Die achte Zitrone in dünne Scheiben schneiden und 4–6 Scheiben zum Servieren beiseite legen, die übrigen in den Saft rühren.

2 Den Zucker unterrühren, das kochende Wasser zugeben und auf Zimmertemperatur abkühlen lassen. Bis zum Verbrauch in den Kühlschrank stellen.

3 Zum Servieren in einen Krug gießen und nach Geschmack mit kaltem Wasser verdünnen. Nach Wunsch noch mehr Zucker unterrühren. Die gekühlten Gläser jeweils mit einer Zitronenscheibe garnieren und servieren.

# Sangria



## *Sangría*

**ERGIBT 12–15 GLÄSER**

**100 ml spanischer Weinbrand**

**4 große Zitronen, geviertelt und in Scheiben geschnitten**

**4 große Orangen, geviertelt und in Scheiben geschnitten**

**2 Limetten, geviertelt und in Scheiben geschnitten**

**2 Pfirsiche, entsteint und in Scheiben geschnitten (nach Wunsch)**

**2 Flaschen vollmundiger spanischer Rotwein, gekühlt**

**200 g Zucker, plus etwas mehr, nach Geschmack**

**Eiswürfel, zum Servieren**

1 Den Weinbrand, die Hälfte der Zitrusfrüchte und die Pfirsichscheiben in eine Schüssel geben. Die Früchte mit einem Holzlöffel im Weinbrand zerdrücken. Abdecken und für 2 Stunden in den Kühlschrank stellen. Die restlichen Obstscheiben abgedeckt in den Kühlschrank stellen.

2 Die Weinbrandmischung in einen großen Krug gießen. Wein und Zucker unter Rühren zugeben, bis der Zucker aufgelöst ist. Bei Bedarf noch etwas Zucker zugeben. Die Obstscheiben mischen, etwas davon in jedes Glas geben und mit der Sangria übergießen.

# Register